财富羊皮卷 洛克菲勒给儿子的信

受穷容易，创富不易，且行且努力

良石◎编著

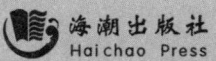

海潮出版社
Hai chao Press

图书在版编目（CIP）数据

财富羊皮卷：洛克菲勒给儿子的信 / 良石编著. --
北京：海潮出版社，2014.6

ISBN 978-7-5157-0656-6

Ⅰ.①财… Ⅱ.①良… Ⅲ.①洛克菲勒，J.D.（
1839~1937)-书信集 Ⅳ.①K837.125.38

中国版本图书馆CIP数据核字（2014）第095035号

书　　名：财富羊皮卷：洛克菲勒给儿子的信
作　　者：良　石
责任编辑：张　莉
封面设计：颜森设计
出版发行：海潮出版社
社　　址：北京市西三环中路19号
邮政编码：100841
电　　话：(010)66969738（发行）　66969751（编辑）　66969746（邮购）
经　　销：全国新华书店
印刷装订：北京中创彩色印刷有限公司
开　　本：787mm×1092mm　1/16
印　　张：12.5
字　　数：160千字
版　　次：2014年6月第1版
印　　次：2014年6月第1次印刷
ISBN 978-7-5157-0656-6
定　　价：25.00元

（如有印刷、装订错误，请寄本社发行部调换）

　　这是人类历史上第一个亿万富翁的教子经。作者约翰·戴维森·洛克菲勒（1839～1937年），是一位享誉全球的企业家和慈善家，美国标准石油公司（又名美孚石油公司）的缔造者，也是世界上第一个亿万富翁。他被誉为"窥见上帝秘密的人"，也是现今首富比尔·盖茨唯一崇拜的对象。

　　洛克菲勒缔造了一个庞大的财富帝国，他的成就大得令世人咂舌。从他在世的时候起，就不断有人好奇地去窥探他成功的秘密，但他的沉默寡言和神秘莫测，却让世人一直对他雾里看花。直到后来，洛克菲勒的后代把这些珍贵的信件捐给美国博物馆，并结集出版，我们才真切地知道他是如何创造了自己的财富神话，以及世人对他的误解。

　　这是洛克菲勒通过书信的方式，给儿子小约翰传授一些做人做事的道理，因为它本不是一本面对公众的书，所以与市场上那些百般讨好读者的书们相比，它更真实，更有价值，可以说是一本至真至纯的家书。通过阅读本书，我们可以窥见这位商业巨擘缔造财富大厦的谋略和秘密。

有人把洛克菲勒比喻为一架天生的赚钱机器。难道真是这样吗？在"用心做好每一件事：财富是勤奋工作的副产品"一信中，洛克菲勒给我们揭示了这个秘密，他说："机会和时间一样，对我们每个人来说都是平等的，但是我抓住了，所以成为富翁，有些人没有抓住，所以他们继续贫困。这是为什么？难道真像那些诽谤我的人说得那样，因为我贪心吗？"

"当然不是！而是因为我的勤奋，机会只属于勤奋者。我从小就坚信：财富不是刻意追求来的，而是勤奋工作的副产品。任何目标的实现都是勤于思考和勤奋工作的结果，建立财富的大厦也是如此。"洛克菲勒之所以比别人赚到了更多的钱，全在于他的勤奋。

有人抨击洛克菲勒太贪心。对于他的财源滚滚，许多人、许多报纸铺天盖地地抨击他太贪心，但洛克菲勒却并不为之所动，因为他对人性了解得很清楚，在"让嫉妒我的人更嫉妒：贪心助我们创造奇迹"一信中，洛克菲勒剖析了人们为什么会有这种心理，他认为，"人的本性中一直潜藏着一种能量，当他们因为无能或缺乏意志时才会出现的能量——嫉妒。当你比他们优秀时，他们就会生出嫉妒心，就会对你指指点点，甚至无中生有地诋毁你，同时又在你面前摆出一副很高傲的姿态——其实，那不是一种高傲，而是心虚。与此相反的是，当你穷困潦倒，不如他们时，他们又会嘲笑你，嘲笑你的无能和愚蠢，甚至将你贬低得没有一点尊严。"所以，他不会因为外人怎么说、怎么做而表现出任何激动，他说："我要做的就是，让嫉妒我的人更嫉妒！"因为他知道，和无知者争辩是没用的，因为对于一个争强好胜、努力进取的人来说，这种无知者，只会让他感到蔑视。因为他们根本就不知道，社会的每一个进步，每一座财富大厦的建造，无不是建立在贪心之上。

有人称洛克菲勒是"吝啬的冷面杀手"。他真的很吝啬吗？在"天下没有免费的午餐：资助金钱不见得是好事"一信中，他给我们解答了这一问题：天下没有免费的午餐。不劳而获的习惯，迟早会让人付出高昂的代价，就像那些本来已经变得很强壮、很自由的猪，因为贪图免费的午餐，渐渐丧失了智慧，直到最后彻底失去了自由。洛克菲勒告诉我们，资助金钱并不可取，因为那样做，会让自己成为制作懒汉的始作俑者。

如果说他吝啬，他又怎么会把巨额金钱投资在教育、医疗、科学、教会、艺术等领域？又怎么会成就他"大慈善家"的美名？在本书的一开始"你比你想象中的还要伟大：千万别廉价出卖自己"一信中，洛克菲勒提到了自己捐款建立芝加哥大学的事。他在一次去那里讲学时，受到了学生们真挚而热烈的欢迎，这是他收获的一个意外惊喜。这种惊喜又激励着他在教育领域投入更多资金，后来，洛克菲勒干脆成立了通才教育董事会，努力推进美国每一个角落、每一个阶层的教育。此外，从他领到第一份工资开始，就一直坚持将其中的十分之一捐给教会，直到他去世。如此看来，他吝啬吗？

在当今社会，在人们用不屑的语气来称呼"富二代"时，洛克菲勒的事业已传到第六代的子孙手中。没有出现像"别让优势埋葬了你的未来：好的起点并不代表好的终点"一信中所说的那个百万富翁，继承了父辈传给他的两千万，最后却用自己的努力把它变成了一百万。人们都说"富不过三代"，但洛克菲勒却用自己对儿孙们的谆谆教诲，缔造了一个家族奇迹。所以，这是一本至珍至宝的家书，你可千万别把它当石头用来垫桌脚！

为了减轻您的阅读负担，本书除了采取通俗易懂的语言外，还在原汁原味的书信中，穿插了一些精彩的解读，"智慧启迪"部分，更贴近青少年生活，对于阅读本书，并想从中汲取一些力量和道理的青少年，可以起到抛砖引玉的效果。此外，书中还配有一些有趣的、富有深意的漫画，让您在阅读时心情更轻松，更愉悦。

目录
CONTENTS

◀)第六章 | 事业有成的秘密

> 成功和一个人的高矮、胖瘦、文化程度、家庭背景无关，而是由他思想的大小决定的。也就是说，思想有多远，我们就能走多远。所以，我们一定要克服一个人类最大的弱点——自卑，任何时候都不能看轻自己、廉价地出卖自己，要相信，你们比你们想象中的还要伟大。所以，尽可能地扩张你们的思想吧!
>
> ——洛克菲勒

第一章

让理想为我们的人生开路

01 你比你想象中的还要伟大：
千万别廉价出卖自己

小约翰的心声：亲爱的爸爸，我好羡慕您，可以拥有这么成功的人生！您在商场上的运筹帷幄和指挥若定，让我好生羡慕。人们都说"龙生龙，凤生凤"，可我总觉得自己的才华不够，爸爸，我要是有您一半就好了。亲爱的爸爸，您说我能成功吗？

亲爱的约翰：

这一整天我都沉浸在真挚而热烈的爱戴中，这种感觉真是妙极了！我今天去芝加哥大学了，那里的学生让我感受到了一种无与伦比的美妙。我暂且把这作为我创办这所大学的回报吧！对我来说，这的确是一个惊喜。

说实话，我创建这所大学的目的，是想将我们的文化精髓传递给下一代，为他们造就一个美好的未来，从来没有奢望过我会在这里受到圣人般的礼遇。不过就今天的情形来看，我的目的实现了，我当初的投资是多么的明智！

这里的学生都很优秀，他们都憧憬着自己的美好未来，希望将来能成就一番事业。甚至还有几个男生跑过来对我说，他们要以我为榜样，并希望我可以对他们的人生发展给出一些建议。我欣然接受，为能打造更多的洛克菲勒而高兴，我对他们说：

"成功和一个人的高矮、胖瘦、文化程度、家庭背景无关，而是由他思想的大小决定的。也就是说，思想有多远，我们就能走多远。所以，我们一定要克服一个人类最大的弱点——自卑，任何时候都不能看轻自己，廉价地出卖自己。要相信：你们比你们想象中的还要伟大。所以，尽可能地扩张你们的思想吧！"

🔊 **尽情扩张你的思想**

　　请牢记这句话："思想有多远，我们就能走多远。"所以，如果你有自卑心理，请立即克服掉，因为你没有那么廉价，别让自卑的心理把你的未来埋葬！

　　顿时，掌声四起。我飘飘然了，于是一发不可收拾，我继续说道：

　　历史上，许多圣贤先哲都曾经告诫我们："人贵有自知之明。"对此，人们普遍的解释是：要认清自己的不足。许多人在自我评价时，都把注意力放在了自己的缺点和不足上，似乎自己一无是处。能认识到自己的不足是好事，可以不断完善自己，谋求进步。但是，如果只将眼光盯在自己的缺点上，久而久之，自己就会变得毫无价值。

🔊 **敢于正视自己的优点**

　　认识到自己的缺点可以帮我们不断完善自我，但认识到自己的优点更为重要，因为，你通向未来的成功之路，必须靠这些优点为你开路。

　　许多人都渴望得到他人的尊重，但现实却恰恰相反。因为别人对他的评价，与他自己对自己的评价完全相同。那些总是觉得自己不如人的人，即便他的才能真的很强，他也一定会不如人，这都是由我们的思想决定的呀！

　　所以，如果一个人觉得自己不如人，他就真的不如人，这点想掩饰也掩饰不住。那些觉得自己微不足道的人，就真的微不足道。

　　与此相反的是，那些相信自己"一定可以担当大任"的人，就一定会成为伟人。所以，你们要想成为伟人，就一定要坚信"我真的很重要"，而且要真的这么认为，别人才会也这么认为。

"思想决定我们的行动，行动决定他人对我们的看法"，这是一个亘古不变的真理。所以，想要别人尊敬你，你必须首先尊敬你自己，别人才会觉得你确实值得尊敬。

试想，有谁会敬重那些整日在街上游荡的人？他们的灵魂早就被自卑感给吞噬了，所以自甘堕落，自然也就没人看得起他们了。

一个人的观念就是他人格形成的基础。你觉得你是什么样的人，你就真的会成为什么样的人。

🔊 **端正我们的思想** ┄┄┄┄┄┄┄┄┄┄┄┄┄┄┄

> 想得到别人尊敬，就要先自己尊敬自己。因为别人是通过我们的行为看我们，而我们的行为又受我们的思想决定。所以，你觉得你是什么样的人，你就真的会成为什么样的人。

任何一个人，不管他身在何处，不管他默默无闻还是叱咤风云，不管他文明还是野蛮，也不管他年轻还是年老，都想让别人觉得他很重要。看看我们身边的每一个人，你的老师、同学、朋友、邻居，甚至你自己，有谁不希望自己成为一位重要人物？这是人类社会普遍存在的一种心理，并且很强烈。

但真正实现这个目标的人却少之又少。为什么呢？因为观念。观念是一种精神层面的东西，它决定了我们如何选择、如何行动。所以，观念既可以成为我们最好的朋友，也可以成为我们最大的敌人。

就像我们不能左右风向，却可以调整风帆一样，我们也可以选择我们的观念。一旦我们有了"我很重要"的观念，那些可以消磨我们意志、打消我们自信的念头，如"我毫无用处、我微不足道、我一文不值、我什么也不是"等自卑的念头就会烟消云散。这时，我们的心灵会开始复活，思维方式和行为方式也会彻底改变，信心大增，无论面对任何困难时都会有"我可以，我一定行"的态度。

🔊 选择正确的观念

正确的观念像一把披荆斩棘的宝剑，将一切自卑和不自信的念头打散，为我们走向成功开辟出一条阳光大道，所以，我们一定要选对自己的观念。

孩子们，那些曾经自欺欺人的人，请就此打住吧！因为那样做，注定会让你成为自暴自弃的凡夫俗子。记住：任何时候都不要看低自己！每个人的身上都有许多优点，这是我们的宝贵资产。要经常问自己："我有什么优点？"不要觉得不好意思。

要善于利用自己的优点，提醒自己：我比我想象中的还要好！把眼光放长远，不要只盯着现在，要看到自己的未来，对自己的发展做出长远规划。多问自己："伟人是这样做的吗？"久而久之，你就可以真的把自己打造成伟人。

孩子们，成功的道路有无数条，我们现在需要做的，就是要保持乐观的心态。相信人生快乐多于苦恼，即便偶尔会有不尽如人意的事情发生，好事也还是占多数。以往，人们总是把乐观看作"希望"，这其实是对乐观的一种曲解。

🔊 保持乐观的心态

就像我们要相信世界上好人多于坏人一样，我们也要相信，人生的快乐多于苦恼。只有这样，我们的人生之旅才会充满快乐。

你知道吗？我亲爱的儿子，我只是做了十几分钟的即兴演讲，却赢得了八次掌声。可惜，掌声太多了，它们打断了我的思路。本来我还要再讲讲如何提高思维能力的，这会有助于他们提高自己的行为标准，帮助他们取得更大的成就。可惜，我的这一想法被这热烈的掌声给赶跑了。不过我还是很高兴，因为我的舌头竟然有这么大的魅力！

爱你的父亲

5

 智慧启迪

你是否有过自卑的心理？那就赶紧打消这个念头！因为这是你走向成功的绊脚石。背着自卑包袱前进的人，注定不会有所成就。一个人成就的大小，是由他思想的大小决定的，所以，你想成为什么样的人，就从现在起，树立那样的观念吧。如果连想都不敢想，那这人还能做什么呢？从现在起，让正确的观念指引我们的人生之旅吧！

02 我没有权利做穷人：有金钱才会有力量

小约翰的心声：爸爸，最近我又听到一个抢劫的案子。唉！如今社会，许多人为了金钱铤而走险，他们坑蒙拐骗，甚至抢劫、杀人越货，这一切都源于一个字——"钱"。我又突然想起人们常说的那句话，"金钱是万恶之源"。难道，金钱真的这么肮脏、这么罪恶深重？亲爱的爸爸，我有些疑惑，您也一直在努力挣钱啊，但罪恶似乎跟您一点也不沾边，而且，您也一直在鼓励我们去努力挣钱。亲爱的爸爸，请您告诉我，这到底是怎么回事？

亲爱的约翰：

很多悲剧的发生都是因为偏执和骄傲引起的，贫穷也是如此。

多年前，我去第五大道浸礼会教堂时，曾经遇到过一个叫汉森的小伙子，他是一个小花匠，省吃俭用，生活非常清贫。可是，他却视此为一种美德。他甚至还摆出一副救世者的心态，他对我说："洛克菲勒先生，我觉得我有必要和你探讨一个问题，'金钱是万恶之源'，这是一句出自《圣经》的话。"

那一刻，我突然明白汉森为什么这么清贫了。因为他误解了《圣经》给我们的教诲，而他竟然还对此一无所知。

我想帮助这个可怜的小伙子，不想他在思维的泥潭里越陷越深，我对他说："小伙子，我和你一样，从小就接受了基督教的教诲，并以此作为我人生的行为准则。但我的记忆力似乎比你更好一些。小伙子，你记错了，那句话的前面还有一个词——喜爱。'喜爱金钱是万恶之源'"

"什么？"汉森惊讶地张大了嘴巴，大大的嘴巴简直可以吞下一条鲸鱼。我心想，要是他赚钱的胃口也有这么大该多好。

"是的，小伙子，"我微笑着拍拍他的肩，对他说，"《圣经》是以人类的尊严和爱为出发点的，体现了我们对宇宙最高灵魂的敬重。我们可以肆无忌惮地引用里面的话，并以此作为生命寄托。因为《圣经》中充满了智慧，上面的话就是真理。就拿这句话'喜爱金钱是万恶之源'来说，喜爱金钱不是我们的目的，而是我们获取金钱的一种途径。如果没有途径，怎么可能达到目的。所以，如果只知道做一个守财奴，那么金钱注定要成为万恶之源。"

📢 金钱并不肮脏

很久以前，有个人曾经用"阿堵物"来代替"钱"这个字眼，以此来表明自己对金钱的厌恶。金钱真的这么肮脏吗？当然不是！只要取之有道，用之有道，金钱也可以成为幸福之源。

"想想吧，小伙子"我提醒汉森说，"假如你有了钱，你就可以让你的家人和朋友过上快乐、幸福的生活，你还可以帮助社会上那些孤苦无依的弱者和穷人，这样看来，金钱就是幸福之源！"

"小伙子，手里的钱越多，决定我们未来命运的力量就会越强，所以，去赚钱吧！"我劝他说，"别让偏执的观念束缚了你有力的双手，多用点心思，让自己富裕起来，因为有了钱你就有力量。纽约到处都是赚钱的机会，你应该去赚钱，而且肯定能赚到。记住，小伙子，虽然我们只是尘世间的匆匆过客，也要努力绽放璀璨的人生。"

不知道汉森是否听进了我的规劝，如果没有，那我真替他感到遗憾，因为他的身体看起来很棒，人也不傻。

我始终认为，我们每个人都应该努力让自己富裕起来。我承认，某些东西的确比金钱更高尚，更有价值。在面对一座积满落叶的坟墓时，人们总会情不自禁地在心底升起一丝悲凉，是的，有些东西的确比金钱更崇高。那些曾经饱受苦难的人有着更深的体会，有些东西比金钱更温馨，更高贵，更神圣。可是，但凡有点常识的人都会明白，这些东西的提升没有一样离得开金钱。金钱不是万能的，但在这个世界上，没有金钱却是万万不行的！

比如爱情，这是上帝赐给我们的伟大礼物，但是，拥有大量金钱的人，可以让爱情更加甜蜜，这就是金钱的魔力！

🔊 金钱的魔力

你可别小看了金钱的作用。试想，你想学习舞蹈、绘画、书法，哪一样少得了金钱？一个因无钱治病而等死的人，要是突然得到一笔钱，结果会怎样？一个满口粗话的孩子，要是有钱接受教育，结果会怎样？

如果有谁说自己不需要金钱，那就等于是在说，他不想对家人、对朋友和那些生活在苦难之中的人们给予任何帮助。这种想法是不是很荒谬？所以，要否定金钱和幸福生活的关系，不也一样很荒谬吗？

我相信金钱的力量，所以主张每个人都应该努力致富。但是宗教似乎对此有偏见，他们中的有些人认为，作为上帝的子民，贫穷可以让他们享有无上的荣耀。我就曾听到过有人在祈祷时说："上帝啊，万分感谢您，让我成为您的贫穷子民！"天哪！要是他的太太听到他这么说，她会怎么想？她肯定觉得自己嫁错人了。

我不希望再看到这种"上帝的宠儿"，我相信上帝也不希望。我敢说，一个本应富有却因贫穷而变得懦弱无能的人，一定会犯下严重的错误，他不仅对不起自己，也对不起他的家人。

🔊 不做"上帝的宠儿"

那些认为贫穷是一种荣耀，并甘做"上帝的宠儿"的人，其实是一种愚蠢的想法。因为贫穷，他变得懦弱无能，让家人跟着他过苦日子，他也没办法让孩子接受更好的教育。他对不起自己，更对不起家人。

虽然一个人收入的多少不能用来评价这个人是否成功，但有一点却不容置疑：收入的多少可以作为衡量一个人对社会贡献大小的标准。他的收入越多，社会贡献也越大。每当我想到我已经帮助许多人过上了富裕的生活，我就会觉得自己的人生真的很伟大。

我相信上帝铸造钻石就是为了他的子民，当然，这不包括撒旦之流。对此，上帝只给了我们一个忠告：我们只能在不违背上帝旨意的情况下赚钱，或赚取其他财富。否则，会增加我们的罪恶感。只要我们通过正当的方式赚取金钱，无论赚取多少，都无所谓，关键是不要让自己沦为奴隶。

有些人之所以一生贫困，是因为他们不了解金钱的真正内涵。在他们看来，金钱又冷又硬。其实不然，金钱又柔软又温暖，无论是在色泽还是功能上，它都给我们良好的感觉。比如在色泽上，它就与我们的衣服很搭配。

我之所以成为现在的我，就是因为我始终坚持一个信念——当我意识到人们的疾苦都是由于贫困造成时，我就坚定了这个信念——我一定要做有钱人，我没有权利做穷人。并且，这一信念随着时间的推移越来越坚定。

在我的孩提时代，正值拜金思潮盛行时，为了实现发财梦，数以万计的淘金者们，纷纷从四面八方涌向加利福尼亚，虽然这场发财梦最后以破灭告终，但人们的发财欲望却被激发起来了，我就是其中之一。那时，我只有十多岁。

◀))) 做个有钱人

你想为自己、为家人、为社会做点什么吗？可是，你有没有想过，我们可以提供给他人的帮助，除了体力外，更多的则需要金钱。那么，从现在起，努力赚钱，做个有钱人吧！

当时，我的家境贫寒，经常需要好心人的施舍。但我的母亲有着强烈的自尊心，她希望我这个长子能肩负起家庭的重担，我也因此坚定了自己的责任感，这种责任感伴随我一生。我发誓：我绝不做穷人，我要赚钱，我要用金钱让家人过上幸福生活。

那个时候对我来说，金钱不仅可以帮助家人过上无忧无虑的富足生活，而且在花钱的过程中，可以让我的人生更有尊严，还可以为自己赢得一定的社会地位。这一点，可比那些豪华的住宅、漂亮的服饰对我更有吸引力。

◀))) 别让自己沦为金钱的奴隶

从小树立正确的金钱观念，我们追求金钱，是为了让我们的生活、我们的社会变得更美好，如果单纯为了赚钱而赚钱，那我们就沦为金钱的奴隶了，我们的人生也就没什么意义了。

这种对金钱的理解，让我一定要赚钱、一定要做有钱人的信念更加坚定了，并不断激励着我去追求更多的财富。

我亲爱的儿子，单纯为了赚钱而赚钱的人是可怜的，可鄙的。正确的做法是：让金钱成为我们的奴隶，而不是我们成为金钱的奴隶，我就是这样做的。

爱你的父亲

 智慧启迪

金钱并不肮脏，我们也没必要因为社会上某些人因为金钱而犯下的错误，让那种狭隘的观念蒙蔽了我们的双眼，束缚了我们有力的双手。我们要正确认识金钱的作用，金钱除了可以被个别不法分子利用外，还可以被我们用来为自己、为家人、为社会营造更加幸福的生活。所以，不要厌恶金钱，也不要像古代那个人一样，视金钱为"阿堵物"。我们要努力去赚钱，因为有了金钱，我们才会拥有更强大的力量。

03 就是要做大计划：有野心才能成大事

> 小约翰的心声：亲爱的爸爸，在您的谆谆教诲下，我也想成就一番事业，创造辉煌的人生。可是，在我的面前，许多人的经验比我丰富，实力比我强大得多，要想超越他们，简直比登天还难！亲爱的爸爸，您能不能为我指条明路，如何才能超越他们，实现自己的梦想呢？

亲爱的约翰：

"没有野心就干不成大事。"这是我的好友亨利·福特先生昨天来访时对我说的话，这是成就他汽车大王的秘诀。

福特来自密歇根，做事执著而坚毅，他的经历几乎和我一样，当过农民，做过学徒，跟别人一起开过工厂，最终通过自己的奋斗跻身于美国富翁之列。

可以说，是福特先生缔造了这个时代，是他让美国人的生活方式彻底改变，他是这个时代的唯一。当你看到大街上来来往往的汽车时，你

就会知道，我这绝不是在恭维他。以往，汽车只是让大众艳羡不已的奢侈品，可是福特却让汽车走进了千家万户。这是一个奇迹，而这个奇迹又让他摇身一变成了亿万富翁。当然了，他也给我带来了巨额财富。

人生在世就要有目标和野心，否则，他的人生之旅就没有了航向，只能在人生的大海上漂泊不定，最后搁浅在沮丧、失败与绝望的海滩。福特先生的野心超过了他自身，他要缔造一个人人都能享用汽车的时代。这似乎有点不太现实，但他却成功了。他让小汽车布满全球，并为自己的公司赚取了巨额财富。这家伙兴奋地说："这哪里是在制造汽车，这简直是在印刷钞票！"可以想象，这位腰缠万贯的汽车大王，此时会是怎样一个心情！

🔊 有野心才能成大事

> 有野心、有大目标，会让我们的人生之路充满刺激，从而不断去追求一个又一个成功，最终成就我们的卓越人生，让我们梦想成真。甚至连当时看起来一点都不现实的"美梦"，也会成为现实。

福特的人生成就，验证了我一直信奉的一个人生信条：财富和目标成正比。假如你有远大的胸怀、高远的目标，那你的财富之峰将直通云霄；假如你只是随波逐流，你的人生必定会一事无成，即使财富就在你身边，你也几乎得不到。在福特成为汽车大王以前，汽车制造商们并不少，其中有许多实力都比福特大很多，但他们却很多都破产了。

我的人生心得是：每个人都有自己的目标，只是有人在追求成功，有人在追求失败。

从很小的时候开始，野心就一直与我相伴。我始终抱定一个目标：我一定要成为最富有的人！对于当时穷得叮当响的我来说，这个目标似乎有点遥不可及。但要有所成就，必须得有大目标，让我们的人生充满刺激。伟大的目标可以激发我们全部的能量，让我们的人生充满刺激。刺激，这是一股推动我们前进的强大力量。不要做小的计划，因为它们无法给我们足够的刺激。

当然了，成就我们伟大人生的机会，不会像尼加拉瓜大瀑布那样倾泻在我们身上，而是一点一点地落下。要想成就伟大的人生，我们就必须每天朝自己的目标，一步一步地前进。

对于我这个一无所有的穷小子来说，如何让自己梦想成真？难道靠给别人兢兢业业地打工来实现？这显然不现实。

我相信，只有为自己勤奋工作才能致富，而不是为他人勤奋地工作。在我成为百万富翁前，我就发现了一个现象，我身边的许多穷人，他们工作都很努力，但现实却很残酷。不管你工作多么努力，靠替老板卖力而致富的人几乎不存在。因为，老板发给你的薪金，只能保证你在合理开支的情况下不至于饿死，不管你工资多高，想成为富翁几乎不可能。

对于那句哄人的话"努力工作可以致富"，我从来不相信，也从来不把为别人工作作为自己积累财富的途径。我坚信，只有为自己工作才能致富。我的所有行动都是为了实现自己的伟大梦想。

◀))) 为自己工作

每个人都有自己的梦想，但要真正实现自己的梦想，必须树立为自己工作的目标，而不是兢兢业业地为别人打工。因为为别人打工，即便你工作再卖力，也只能赚取廉价的生活费。

所以，在我毕业后找工作时，我就发誓：一定要去最好的公司，做最优秀的员工！因为我坚信，最好的公司才能让我受到最好的历练，塑造我最优秀的能力，增加我非凡的见识，还可以让我赚到一笔丰厚的报酬——而这，正是我创业的资本，所有这一切，都会为我的成功之路铺下坚实的基石。

在大公司工作，可以养成我大公司的思考模式，这一点尤为重要，所以我发誓：我一定要去知名度最高的公司！

这一目标，注定我不会一帆风顺。我先去了一家大银行，不幸被拒绝了，我又去了一家铁路公司，结果还是败兴而归。老天也似乎跟我作对，火辣辣的太阳无情地照在我身上，但我顾不了这些，继续一家挨一家地寻找。那段时间，找工作成了我唯一的工作。每天早上，我都要把自己精心打扮一番，然后踏上我的求职路。一晃几个星期过去了，我把名单里的公司一家挨一家地跑遍了，结果仍然一无所获。

情况似乎非常糟糕，是不是？但我前进的脚步却始终没有停下来，我坚信，除非你自己想，否则没人阻碍你前进的步伐。我对自己说：如果你不想放弃你的梦想，那就爬起来继续战斗！一次又一次被拒绝并没有让我沮丧和绝望下去，我的信心更坚定了。我又从头开始，一家又一家地求职，有的公司，我甚至先后去了两三次。

工夫不负有心人，六个星期后的一个下午，休伊特-塔特尔公司终于答应雇用我了。那一天是1855年9月26日。

我的未来就在这一天被改写。事后，我经常问自己：假如当时我没有被那家公司雇用，我现在会是什么样？一想到这儿，我就浑身激动不已。因为我清楚地知道，那份工作对我究竟意味着什么，没有它我又会怎样。所以，我把那一天定为自己的"再生日"，我对这一天的感情，远远胜过我的生日。

写到这里，找又激动起来了。

🔊 和最优秀的人做朋友

你是否想成为一名优秀的学生，成为老师和同学们眼中的娇子？那就抛弃嫉妒心理，去跟最好的学生做朋友吧！因为从他们那里，你会知道他们是如何做到最好的。知道了这些，你才能超越他们，这是你成功的基础。

人生就像一辆自行车，你必须不断前进，否则你就会摇摇晃晃地跌倒。三年以后，我已经拥有了超常的能力和无比的自信，我离开了那里，和克拉克先生一起创办了克拉克-洛克菲勒公司，开始了为自己工作的时代。

只知道努力工作是愚蠢的，因为你付出的辛劳并不一定有回报。但是，如果我们将努力工作作为将来为自己工作的阶梯，这就会变成我们致富的开端。为自己工作的感觉真是太棒了，这种感觉简直无法形容！那一年，我才18岁。尽管如此，我并没有一直沉浸在我年纪轻轻就跻身于贸易代理商行列的兴奋中，我时刻告诫自己：你的人生目标是全美首富，之前的经历只是你走向未来的必经之路。现在，你距离目标还很遥远，所以必须继续努力！

成为全美首富，一直是我努力的目标和鞭策自己前进的动力。作为一名基督信徒，几十年来，我一直追求最优，我经常对自己说："做就要做第一，第二名和最后一名几乎没什么区别！"假如你理解了这句话，你就会明白我为什么能称霸石油界了。

对大多数人来说，对未来的希望是激励他们前进的动力，而我则将达成目标作为自己的生活。我的人生目标很明确，就是要做第一，这是我一直遵循的人生规划。我所有的努力和行动，都是为了达成这一人生目标和规划。

🔊 做就要做到最好

看到满天的繁星了吧？虽然每颗都闪耀着光芒，但没有一颗比月亮亮。所以，想让别人注意到你，就要从现在起，努力做到最好，因为只有最好的才能鹤立鸡群。

上帝给我们一个聪明的头脑和健硕的身体，不是叫我们随波逐流，而是叫我们去创造辉煌的人生。20多年后，虽然联邦法院解散了我们的公司，但一想到自己曾经创造的辉煌，我就浑身激动不已。

人生就是不断追求卓越的过程，为了达成这个目标，我们必须勇往直前，做好吃苦的准备，不怕挫折与失败。

爱你的父亲

想让自己的人生闪烁出最炫耀的光芒吗？那就从现在起，树立一定要做第一的野心。让野心激励我们前进，让我们的人生之路充满刺激，从而不断走向成功，成就我们的辉煌人生。但在追求成功的路上，一定要做好吃苦的准备，不怕挫折与失败。

04 让嫉妒我的人更嫉妒：贪心助我们创造奇迹

> 小约翰的心声：亲爱的爸爸，我最近听到人们的一些议论，他们说你是一头贪心的恶魔。还说您投资学校和教会，以及对贫困者的扶助都是为了标榜自己慈善家的身份，为了封住那些说您贪心的人的嘴，甚至还有人说你在赎罪。亲爱的爸爸，您总是教育我们赚取金钱之后要回报社会，爸爸，您告诉我，您是在无私地回报社会，还是为了达到某种目的？

亲爱的约翰：

别理会那些说我贪心的人。

在我看来，这是别人对我的特别颂扬，多年来，我也一直享受着这一殊荣。当时，我的事业正蓬蓬勃勃地发展着，我的名字已不再是我的个人代号，它成为了一种财富的象征，一个庞大石油帝国的象征。

当时，许多人、许多报纸都铺天盖地地这么"颂扬"我。尽管我知道他们这是在诋毁我，想让我辛苦创建的石油帝国蒙上一层令人生厌的铜臭，但我没有因此而变得激动。

我知道，在人的本性中一直潜藏着一种能量，当他们因为无能或缺乏意志时才会出现的能量——嫉妒。当你比他们优秀时，他们就会生出嫉妒心，就会对你指指点点，甚至无中生有地诋毁你，同时又在你面前摆出一副很高傲的姿态——其实，那不是一种高傲，而是心虚。与此相反的是，当你穷困潦倒不如他们时，他们又会嘲笑你，嘲笑你的无能和愚蠢，甚至将你贬低得没有一点尊严。看到了吧？这就是人的本性！

我没有责任去改变人的本性，我也无心去阻止人们"颂扬"我的贪心，我要做的就是，让嫉妒我的人更嫉妒！我知道，假如我能将我的财富散发给他们，他们就不会再这样"颂扬"我，但我不会那样做。除非我疯了，否则我绝不会那样做！

🔊 **别在乎他人的嫉妒**

嫉妒是人们普遍存在的一种心理，只是有人将嫉妒心作为激励自己前进的动力，有的人则将嫉妒心作为打击、诋毁别人的武器。你要明白，他们之所以嫉妒你，是因为你比他们强。所以，你无需因为他们的做法停止自己的脚步，你要做的就是，让嫉妒你的人更嫉妒！

绅士绝不会和无知者争辩，我当然也不会和那些"恭维"我贪心的人争论，但我蔑视他们的无知，这一点，我想克制都克制不住。看看人类历史，看看人类走过的足迹，我们不难发现：哪一个社会的进步不是建立在贪心之上？那些想要诋毁我的人，看起来好像很高尚的样子，他们谁不想独占自己那一份财产？谁不想将所有的好东西纳为己有？谁不想控制每一个人的必需品？世界上有太多虚伪的人。

谁都有贪心。给你一颗橄榄，你甚至想拥有一整棵橄榄树。我活了近八十岁，只见过不会吃牛排的人，却从来没见过不贪心的人。尤其是在商业界，功利和拜金都源于一个字——贪心。我相信，不贪心的人永远都是地球上的稀客。试想，谁没有对美好事物追求和占有的欲望呢？

阿奇博尔德先生说我是一匹赛马，一闻到终点线的味道就开始冲刺。我知道，他这是在奉承我，但在我的内心，的确早就给贪心准备好了位置。

在商学院读书时，一位老师曾经说过一段话，让我终身难忘，这段话彻底改变了我的命运，他说："贪心没什么不好，我觉得贪心就是一件好事，每个人都可以贪心。因为贪心，我们的人生才有希望！"

当听到这段充满刺激又极具煽动性的话时，同学们立刻为之哗然。因为"贪心"这个词，完全违背了我们从小接受的道德观念，这种道德观念广泛应用于宗教、社会、伦理、政治和法律等方面，作为道德标尺，这无疑给"贪心"这个词贴上了肮脏的标签。

可是，当我步入社会、开始追求财富的时候，我才深刻地意识到，当时那笔学费花得是多么值啊！我不得不佩服老师深刻的见地。就像那些演讲家所说的，自然界不存在仁慈、无私，而是胜者为王，适者生存，这一法则在我们这个所谓的文明世界也同样适用。假如你没有贪心，你就会被贪心的人挤下台，因为可口的点心实在有限。

在我看来，一个人要想创造财富，成就非凡的人生，"贪心是件好事"的分量还不够，必须"贪心必不可少"。

🔊 贪心必不可少

一个国家被瓜分得四分五裂，要是没有贪心，国家如何实现统一？一个企业要想占据整个市场，没有贪心怎么行？所以，要想有所成就，贪心是一种必不可少的心理。

"贪心"的意思就是我要，我想要更多，我想独占！谁没有在内心这么呐喊过？从政者说，我要权力，我要做州长，我要做总统；商人说，我要赚钱，我要赚更多的钱；做父母的说，我希望儿子事业有成，可以永远过上幸福快乐的生活。只是碍于道德约束，他们才不得不把贪心层层包裹起来，所以，在许多人那里，"贪心"这个词成了一种忌讳。

事实上，人类的贪心永远不会停止，因为人们无时无刻不在追名逐利，幸福生活永远不会像空气一样唾手可得。

那些喜欢揭露别人丑闻的人，总是把贪心视为恶魔。其实，释放我们的贪心，和打开潘多拉盒子不是一回事。虽然贪心无时无刻不在跳动，但一旦被释放出来，就等于释放出了无限的生命潜能。我能从一个周薪只有五美元的簿记员，发展到今天全美国最富有的人，正是贪心创造的奇迹。是贪心给了我创造财富的力量，也是它推动社会不断进步。

也许你觉得使用"抱负"一词比使用"贪心"更贴切，而我则觉得不然。我们的整个世界无处不存在贪心，只有"贪心"才是更纯朴、更贴切的字眼。它是一种比真诚更高尚的素质。

从与山姆·安德鲁斯先生一起创办石油公司开始，我就变得越来越贪心。每天上床之前我都会对自己说："我要垄断科利佛兰所有的炼油业，我要让每一滴油都化为钞票。我现在只考虑如何追求更大的利益，成就我的石油霸主地位！"在那段日子里，我亲自过问炼油业的每一个细节，整日忙碌在炼油现场。我亲自指挥炼油，组织石油运输，想方设法节约炼油成本，扩大石油副产品的市场。我经常忍饥挨饿，奔波在外，那种日子让我终身难忘。

🔊 让贪心助你成功

> 打开内心的贪心之锁，生命的全部潜能就会被释放出来，它会给予我们无限的力量，激励我们勇往直前，克服一切艰难险阻，去追求最终的成功。

我亲爱的儿子，命运掌握在自己手中，你若真想要某件东西，那你就设法去获取它。成功和失败之前并不像人们说的那样，仅仅是一念之隔，而需要强烈的贪心。谁的贪心更大，谁就能唤起自身的全部能量，尽一切能力去超越自己。我的每一个进步都是贪心的功劳，是贪心让我的能力淋漓尽致地发挥出来，克服一切艰难险阻，勇往直前。

许多人都曾经问过我这个问题："洛克菲勒先生，是什么力量支持你跨上了财富之巅？"我不能跟他们说实话，因为"贪心"这个字眼怎么登得了大雅之堂？然而，的确是我先唤起了自己的贪心，并让贪心不断膨胀，从而支持我成就了一代巨富的梦想。

每个人都有贪心，它灵敏而又有力量，无时无刻不在跳动。但是，你必须得先热爱它，告诉自己，我要贪心，而且我还要更多，她才会出来协助你成功。

我追求成功，所以在任何情况下我都不会抛弃贪心。在贪心下取得的成功不是罪恶，而是一种崇高的追求。假如可以通过正当的手段去获取成功，则可以对人类社会作出更大的贡献，我就是这样做的。

我所做的一切善举，包括对教育的投资、对医学的援助、对教会的资助、对贫困者的扶助，绝非我一时心血来潮。在我看来，慈善事业是一项伟大的事业，我正用自己的成功让世界变得更美好。如此看来，贪心也算不上罪恶吧？

所以，那些说我贪心的人，假如不是为了诋毁我，我则很高兴他们这么评价我。

🔊 贪心不是罪恶

为了满足自己的私欲而不择手段，是一种罪恶。但如果将贪心作为激励我们前进的动力，通过正当途径去赚取财富，则不仅不是罪恶，还是一种崇高的追求。所以，勇敢地接纳它吧，不要因为别人的议论而抛弃它。

亲爱的儿子，没有什么比自己更重要。我知道自己适合做什么，所以我不在乎别人怎么评论我，也不会因此而心情激动。在有些人的心里，我这个商人似乎一直都很奸诈，即便我做了大量的慈善事业，他们也说我这是在要诡计，认为我是为了达到某种目的，而无视我的无私奉献精神。甚至有人说我这样做是为了赎罪，真是可笑！

我亲爱的儿子，你要相信，爸爸永远不会给你丢脸，我口袋里的每一分钱都是干干净净的。我坚信上帝是公平的，我之所以能拥有巨额财富，是上帝对我卓越才华和强烈的事业心的奖赏。上帝知道我会把钱回馈给社会，造福我的同胞，所以他让我财源滚滚。

又到了该读《圣经》的时间了。窗外的夜色真美，天上繁星闪烁，它们似乎都在对我说："好样的，约翰！"

爱你的父亲

你还在忌讳"贪心"这个词吗？看了洛克菲勒给我们的分析，你
是不是该改变一下自己的观念了？既然你不想让自己随波逐流，想让
自己的人生划出一道耀眼的光亮，那就试着去喜爱它吧。别在乎别人
怎么议论，因为它是助你走向成功的一种强大力量。抱着像洛克菲勒
一样的心态，让嫉妒我们的人更嫉妒！

05 我一定能做到：让信念引领我们前进

> 小约翰的心声：爸爸，我发现许多事业有成的人都有着较高的智
> 商，那些在科学、文化、艺术等领域创造奇迹的人，也都是高智商的
> 人。所以我总结出，要想有所作为，除了要有雄心壮志之外，较高的
> 智商也是不可或缺的。和普通人相比，高智商的人更容易获得成功。
> 亲爱的爸爸，您觉得我的分析对吗？

亲爱的约翰：

你说得没错，高智商的确可以创造奇迹。可是在现实社会中，真正
能创造奇迹的人却少之又少，而泛泛无能者却层出不穷。

尽管如此，每个人都树立了自己的雄心壮志。大家都在追求美好的
事物，急于摆脱受制于人的情况，不想过平平凡凡的生活，不甘心做社
会的点缀。但是，只有很少的人可以做到这一点。

难道我们的智慧不够吗？当然不是。《圣经》中早就将最实用的成
功智慧教给了我们："坚定不移的信念可以移动一座山岳。"可是，为
什么还是有那么多的失败者呢？这是因为，大部分人都不相信自己可以
移动山岳，所以，真正能够移山的人也很少。

大部分人都不相信这句话的真实性，认为那根本就是不可能的事。

上帝之所以未能挽救这些人，是因为他们犯了一个低级错误，把信念误解成了希望。是的，希望的确不能帮我们移走山岳，不能助我们平步青云，不能保我们取得成功，希望也不会给我们带来财富和地位。

但是，信念却可以做到一点，也就是说，只要你相信你可以做到，你就一定可以做到。是我夸大了信念的力量？当然不是。信念可以让我们产生"我一定可以做到"的心态，并相信"我一定可以做到"，所以，他就真的可以做到，成功也就因此而诞生了。这就是信念的力量！

🔊 相信自己行，自己就一定行

> 只有雄心壮志却没有坚定不移的信念，就像一座大厦缺乏坚实的地基一样，即便建设得高耸入云，也很快就会坍塌下来。所以，要让我们的雄心壮志变为现实，必须坚信自己一定行。

每个人都梦想可以攀登上事业的巅峰，坐享胜利的果实。但这也只是他们的梦想而已，因为他们大多缺乏必要的信念与决心，相信自己到不了那里，所以就找不到通向那里的途径，便真的永远也到不了那里，他们注定要碌碌无为地度过自己的一生。

但是，有一部分人却对成功抱有坚定不移的信念，他们无论做什么，都始终抱有"我一定可以到达事业巅峰"的心态，这种坚定的信心最终成就他们的梦想。我就是其中之一。当我还一贫如洗的时候，我就相信自己一定可以成为全美巨富，在强烈自信心的激励下，每当面临问题时，我总能制订出可行的计划，找到可行的方法，并最终登上了石油帝国的巅峰。

许多人相信失败是成功之母，但我宁可相信成功是成功之父。成功可以成为一种习惯，失败也可以成为一种习惯。只有持续不断的成功，才能取得大成功。我不喜欢偶尔一次的成功，我要的是持续不断的成功，只有这样，才能成就我的强者之位。是信念激励我不断前进！

相信自己可以，是一切成功的基础。任何伟大事业、书籍、剧本、科学新知识的诞生，都是以信念为支柱。相信成功，是成功者们普遍具有的一项基本而必要的素质。但失败者却不具备这种素质。

🔊 让成功成为一种习惯

教育领域有一句名言：种下一种习惯，你就收获一种命运。所以，要想收获成功的人生，就让成功成为我们的习惯吧！

许多生意场上的失败者在跟我谈话时，总是在不断地为自己找借口，他们经常有意无意地说："说实话，一开始我就对这件事的可行性产生了怀疑。""在开始行动之前我就感觉不对劲儿了。""事实上，我对这件事的失败一点也不感到惊讶。""也许不会有什么结果，但我还是试试看吧！"抱有这种心态的人，最后一定会失败。不相信自己会让人变得消极。当你在潜意识里就对事情的可行性产生怀疑时，你就会找出各种理由来支持自己想法。心存疑虑、无法相信、倾向失败，以及对成功不是很渴望，都会导致最终的失败。所以，心存疑虑，终会失败；坚信成功，必定成功。

一个人成就的高低，取决于他信念的大小。庸庸碌碌、得过且过的人，不相信自己可以成大事，就只能领取很少的劳动报酬。他们相信自己不能成大事，就真的做不到。他们认为自己很平庸，无论做什么都显得无足轻重。渐渐地，他对自己的言行举止也失去了信心。假如我们不能拔高自己的自信，就会在贬低自我中变得越来越渺小。而且，他们对自己的看法，也决定了别人对他的看法，于是，在大家的眼里，他变得越来越微不足道。

🔊 消极的暗示注定我们会失败

总是担心自己不行的人，其实潜意识里早就为自己的失败找到了各种借口，一旦自己失败，他就会认为自己早就预料到了，更不会去寻求改进的策略，这种人注定不会有所作为。

那些勇往直前的人，相信自己一定可以创造更大的价值，所以会收获高额的回报。相信自己可以完成艰巨的任务，他就真的可以完成。无论他做什么，与人打交道也好，发表对事物的见解与想法也好，还是自己的性格表现，他都表现得很内行，是行业内不可或缺的人才。

在我前进的道路上，是信念照着我，给我不断前进的勇气，让我愉快地面对生活。无论在任何情况，我都始终坚持自己的信念。在我的脑海里，从来没有失败的念头。当我深陷困境时，我想的是"我一定会赢"，而不是"我可能会输"；当我和对手竞争时，我想的是"我和他一样强大"，而不是"我不如他"；当机会来临时，我想的是"我一定可以"，而不是"我不行"。

相信自己，相信自己一定行，是我们迈向成功的第一步。在考虑问题时，我们要始终坚信"我一定会成功"。这种信念必定会激发我们的创造性心智，帮我们制订出更完美的计划。否则，如果在思考和做事时脑海中不断闪现失败的念头，就一定会失败。

我不断告诫自己：你比你想象中的还要好！成功不需要超人的智慧，也不需要好运当头，成功也不是什么神秘莫测的事情。只要相信自己，相信自己一定可以成功，你就一定会成功。记住：在任何时候、任何情况下，都不要廉价出卖自己！

🔊 永远不要廉价出卖自己

> 只要你坚信自己优秀，你就一定可以有卓越的表现。相反，如果你总是担心自己表现不好，就等于已经在潜意识里，把自己廉价卖了出去。记住，你的表现就是你的价值。

每个人都是自己思想的产物，他的目标越渺小，收获就越微不足道；目标越伟大，收获越丰富。而伟大创意和大计划的制订并不难。

有些人之所以能在商业、传教、文学创作、艺术等领域到达自己事业的巅峰，是因为他们在自我发展和成长过程中，始终脚踏实地，持之以恒。而这给他们带来了满满的收获：家人的尊敬、朋友的赞赏、自我价值感、社会地位的提升、收入的增加，以及生活水平的提高等等。

成功和成就，是我们追求的终极目标，在这个过程中，我们要始终坚持自己的信念，并付出积极的思考。

爱你的父亲

你的爸爸妈妈都是普通职工，你不甘心像他们一样平庸，所以你很早就树立了远大理想，想要自己的人生划出一道绚丽的弧线。可是，你总担心自己才能不够，就连平时的学习也无法进入前十名，为此，你努力过，可结果却总是叫你失望。或许你反思过，最后把原因归结为学习方法不对，等等。可你没有注意到的是：你一直在担心自己才能不够，这就是导致你失败的关键所在。因为你一直不相信自己，所以注定会以失败告终。从现在起，扭转自己的观念吧，坚信自己一定可以，你就一定能成功！

是天堂还是地狱，关键在于你的态度。如果你觉得工作有意义，不管你从事的是什么职业，你都能从中找到快乐。不管你的成就是大还是小，你都能始终对工作保有热情。假如你不感兴趣，再简单的事也会变得困难。当你抱怨工作很累时，即便你没怎么用力，你也会感到浑身乏力，反之则是另一种情况。

——洛克菲勒

第二章

让态度为我们的事业保驾护航

06 别让优势埋葬了你的未来：
好的起点并不代表好的终点

小约翰的心声：爸爸，您知道吗？我的朋友和同学们都很羡慕我呢。我也为有您这样一个伟大的爸爸而感到自豪，相信有您做我的强大后盾，我一定可以取得骄人的成就。唉！您要是能一直陪在我身边就好了，可您总是给我灌输"凡事要靠自己"的观念，我知道，我的路要靠自己走。可是，您为什么又把我留在身边，不让我自己去闯荡属于自己的天空呢？

亲爱的约翰：

你问我能不能一直陪在你身边。孩子，爸爸要告诉你，没有人可以永远做你的船长，上帝给了我们每个人一双脚，是希望我们可以靠这双脚自己走路。

也许你还没有做好准备，但是你应该知道，我们所处的这个商业领域处处充满了挑战，奇迹随时都在发生。而你也将要从这里出发，去参加你从未享用过却又决定你前途的人生盛宴。至于你怎样去使用摆放在你面前的餐具，怎样去品尝命运使者奉送的每一道佳肴，那完全是你自己的事情。

路在自己脚下

没有哪个父母可以一直陪在孩子身边，因为，被牵着线的风筝注定飞不高也飞不远。所以，要想有所成就，必须学会自立，靠自己的努力去寻找属于自己的天空。

至于爸爸为什么要把你留在身边，那是因为爸爸想给你一个最好的人生起点呀！一般来说，父母所处的位置恰好是孩子们生活的起点。你想啊，如果爸爸妈妈在山顶上生活，你也不会在山脚下生活；相反，如果爸爸妈妈在山脚下生活，你也不会在山顶上生活。如今，爸爸的事业正蓬蓬勃勃地发展，自然，我也希望你可以在不久的将来能青出于蓝而胜于蓝，成为一个出类拔萃的人。所以，我才把你留在身边，就是想给你一个较高的起点，带领你快速达到事业的巅峰啊！

珍惜自己现有的优势

优势不是用来炫耀的，是用来更快更好地发展自我的。俗话说，站在巨人的肩膀上才能看得更高，更远。所以，珍惜自己现有的优势吧！

尽管如此，这也没什么可炫耀的，因为好的起点并不代表好的终点。世上没有永远的穷人和富人，也没有永远的成功和失败，"一分耕耘一分收获"才是永恒不变的真理。所以，你的命运最终如何，关键还在于你的行动，而绝不取决于你的出身。

爸爸曾经跟你说过，爸爸小时候家里就非常穷，甚至连上学的课本都买不起。我的第一份工作是做簿记员，一个星期只有五美元，就这点，还要拿出大部分钱来贴补家用。尽管如此，经过我不懈地努力，一个令人羡慕不已的石油帝国在我的手里完成了。这似乎是一个奇迹，只有我知道，这是上帝对我努力的奖赏，因为我曾经那么积极向上、持之以恒地艰苦付出过。

无需自卑和自暴自弃

即便你和周围的人相比明显处于劣势也不要自卑和自暴自弃，因为许多名人小时候也曾经贫穷过。财富巨子洛克菲勒的起点就不高，但他却凭借自己的努力，一步步走向成功，最终取得了令世人瞩目的骄人成就。

儿子，每个人的起点有高有低，但结果却可能完全相同，甚至相反。纵观历史，许多名人年轻时都曾经因为贫穷而和机遇失之交臂，可他们最终却依靠自己的奋斗取得了骄人的成就，这绝非偶然。相反地，历史上也有许多官宦子弟、富家公子一出生就拥有大量财富，但最终却落得落魄潦倒。曾经有人对麻州的17个富家子弟进行过调查，发现他们在最后离开人世的时候，竟然没有一个还能保持最初的富有。

前段时间，社会上曾经流传着这样一个故事：在费城的一个小酒馆里，两位客人谈起了一位百万富翁，一个人感慨地说："他真是一位白手起家的百万富翁啊！"另一位先生则讥讽地说："是啊，他从父亲那里继承了两千万元，然后靠自己的努力把它变成了一百万元！"

感受其中幽默的同时，你是否感到痛心？家境再好，自己不努力，只是坐享其成，最后注定要让人同情，成为别人饭后的谈资。

◀))) 任何时候别忘了奋斗

即便你一出生就家财万贯，但那是父辈留给你的，如果自己不努力，只是坐享其成，别说发展壮大家族企业，恐怕连现有的财产都守不住！

家族的荣誉和成功只是为你提供了一个较高的起点，让你一出生就具有了他人所没有的优势，但这并不能保证你将来一定会有一份美好的生活。上面那个百万富翁不就是一个很好的例子吗？

为什么会出现这样的结果呢？我曾经一次又一次地思考过这个问题。也许是富家子弟一开始就拥有了太多的优势，所以也就失去了学习生存发展所必需的技巧的机会。而那些出身贫寒的人，为了追求自己的事业，经历了太多富家子弟所没有经历过的事情，所以拥有更多的能力和创意，当机会来临时，他们会更加珍惜，甚至是抢占这些机会。而富家子弟在这些机会面前，则表现得比较迟钝。

为了规避这一现象，在你们姐弟很小的时候，我就刻意不让你们觉得父亲很富有，我给你们讲得更多的是如何勤俭节约、努力进取。我知道，要想快速地毁掉一个人，就是给他大量金钱，因为在金钱面前，一个人会变得堕落，不思进取。我深爱你们，不想用财富葬送了你们的未来，不想让你们像海绵一样，只懂得索取，不懂得给予，那样的人是没有快乐而言的。

我希望你们快乐，永远快乐。可是，这种快乐与高贵的生活、血统和生活方式是没有关系的，那是一种高贵的品格。想想那些受人景仰、散发着无穷魅力、高贵的人，无不懂得自立精神的可贵。约翰，你不仅要做一个懂得快乐的人，更要做一个可以享受创造快乐的人。

我亲爱的儿子，我一直关注着你的言行举止，我对你的表现很满意。我相信，你所拥有的优异的品格比世上一切财富都更有价值，它将为你铺设一条康庄大道，帮助你创造成功和有意义的人生！

◄)) 找到属于自己的快乐

要想让自己的人生有所成就，打造一番自己的事业，就要找到属于自己的路，并为之奋斗，做一个懂得享受创造快乐的人，而不要被自己所处的优势所羁绊。

不过孩子，你要记住，起点虽然会影响结果，却不能决定结果。一个人能否成功，还要看他的能力、处世态度、个人性格、心胸抱负、人生经验和运气等因素。现在，你的人生已经起航，你将要走上硝烟弥漫的战场。我知道，你想要赢得这场战争的胜利，可你也应该知道，大家都想赢，所以你必须下定决心并做好准备。

我亲爱的儿子，你应该牢记：只拥有特权却没有能力的人只能算是废物，接受了教育却不能对社会有所贡献的人只能算是垃圾。孩子，你应该去找寻属于自己的路，而且我相信，你一定能找到！

爱你的父亲

我们要相信，爸爸妈妈都是爱我们的，在可能的范围内，他们都会尽自己的最大努力，为我们创造一个良好的成长环境，这个成长环境，就是我们未来人生的起点。所以，不管我们的起点看起来多么低，我们都没有理由抱怨，因为在未来的人生战场上能否胜利，并不完全取决于这些因素；相反，不管我们的起点多么高，我们也不要以此作为炫耀的资本，因为历史上有太多的富人富不过三代。我们要做的，就是努力去找寻属于自己的路。

07 好运连连的制胜之道：
精心策划和引导自己的运气

> ○ 小约翰的心声：爸爸，我听到好多人都在说，您能建立起这么大的石油帝国，是您的运气好。我还听说，美国富人榜上的老麦考密克先生，因为一次偶然的机会发明了收割机，所以才跻身于富人行列的。所以我也觉得，不管做任何事情，要想取得成功，没有运气是不行的。那些像您和老麦考密克先生一样，最终成为大赢家的人，一定是交到了好运，是这样的吗，爸爸？

亲爱的约翰：

在我们看来，有些人似乎天生要成为赢家，因为他们拥有卓越的才华。比如老麦考密克先生，他聪明绝顶，竟然把收割机变成了替他收获财富的镰刀。

我了解老麦考密克先生，他一直都野心勃勃，并具有卓越的商业才华，他发明的收割机，使得全美国的农民都从繁重的劳作中解脱出来，同时也为自己赚得了巨额财富，从而跻身于美国的富人行列。不过相比较而言，法国人似乎更喜欢他，赞誉他为"对世界贡献最大的人"。天哪，这个收获可真是意外。

若不是发明了收割机，这位商业奇才原本只能做一个普通的农业器械商，可他却说了一句颇具哲理的话："运气不是天赐的，而是可以设计出来的！"什么意思呢？难道运气也可以策划？联系我自身的经验，我觉得，运气的确可以设计和创造。

◀)) 运气可以设计和创造

运气并不是天生的，而是人为设计和创造出来的。老麦考密克先生之所以成功，正是他善于策划运气的结果。你也想成功吗？那就让我们来学习一下，如何设计和创造运气吧！

事实上，不管做任何事情，我们都无法排除运气的存在，运气总是和我们的创造过程相伴随。而老麦考密克则洞察了运气的真正内涵，他打开了一扇门，于是运气翩然而至。所以，他设计生产的收割机在全球广受欢迎，并成为畅销产品，我对此一点也不感到奇怪。

不过，在我们周围，要想找到一个像麦考密克先生一样擅长策划和创造运气的人，可不是一件容易的事。在世俗人的眼中，运气都是天生的、偶然的，所以，当他们看到某人在职务上获得了晋升，或者在商场上叱咤风云，或者在某一个领域获得了成功，他们就会脱口而出，甚至还带着嘲笑的口气说："这个人的运气真好，挡都挡不住！"这实际上是对运气的一种误解。这些人永远都不会明白，我们的命运是可以自己设计和构建的。

◀)) 别误解了运气

人们平时所说的"运气"，其实是机遇。机遇对每个人都是平等的，只是有人抓住了，有人没有抓住而已。那些不做任何努力，整天等着天上掉馅饼的人，是永远也不会抓住机遇、撞到运气的。

就像我们每个人都离不开金钱一样，我们每个人也离不开运气。但是要想成功，就不能坐等运气的到来。我的人生信条是：我不靠天赐的运气苟活，我要靠策划的运气发达。好的策划可以决定运气，就算不能决定运气，也可以引导运气。我曾经在石油领域采取的"变对手为伙伴"的计划，就很好地印证了这点。

一开始的时候，各大炼油商们被眼前的利益冲昏了头脑，他们都在打自己的小算盘，结果造成了灾难性的竞争局面——油价急剧下跌。这对消费者来说或许是件好事，但对炼油商们却造成了致命的打击，许多炼油商濒临破产的边缘。

在这种情况下，要想让这个行业重回正常轨道，让大家永远有钱赚，必须成功驾驭这个行业，让大家都回到理智上来。我想肩负起这一责任，但这不是一件容易的事，需要制订一项大计划——整合所有炼油业务，并把它们全部置于自己的麾下。

孩子，你知道的，要想在商场上猎取最大的利益，必须勤于思考，小心从事，必须能随时辨别危险，抓住机遇，同时，还必须像下棋时一样，不断研究各种战略，以防有人危及你的霸主地位。我当时就深入研究了当时的形式，并认真评估了自身的力量，最后决定将我的第一战场设置在大本营科利佛兰。先征服那里的二十多家竞争者，然后再迅速出击，开辟出第二战场、第三战场，直到征服所有对手，建立起石油领域的新秩序。

作为战场上的指挥官，必须清楚地知道，攻击某一目标，必须采取什么样的武器。同样，要想打造一个新的石油王国，必须先解决一个根本性的问题——金钱。只有拥有大量金钱，才有能力去收购那些生产能力过剩的炼油厂。可当时我手上的资金有限，所以我采取了组建股份公司的方式，让别人为自己投资。很快，我就筹集到了一百万美元，在俄亥俄州成立了标准石油公司。第二年，我们的资本就迅速增加到原来的3.5倍。但是，我还需要寻找动手的时机。

有远见的人必须善于在危难之中寻找机遇。当时的石油业已经混乱不堪，一天不如一天，克里夫兰九成以上的炼油商都快被恶性的竞争摧垮了，他们在设法卖掉厂子。大肆收购的机会终于来了。

在别人危难之时坐收渔利，似乎不太道德，但这是战场，和良心没关系。要想在战场上取得胜利，就必须抓住对自己最为有利的局面。为了取得战略上的胜利，我没有选择不堪一击的小企业作为自己的首要征服目标，而是选择了当时家喻户晓的克拉克·佩恩公司。这家企业也是我当时最为强劲的竞争对手，他们正野心勃勃地打算吞并我的明星炼油厂呢。

所以，我必须在他们动手之前采取行动。我主动约见了奥利弗·佩恩先生，他是这家公司最大的股东，也是我中学时期的老朋友。我跟他说，为了保护石油行业，让众多以此为生的家庭得以延续，石油行业必须尽快结束现在这种混乱、低迷的时期。我告诉他，我要打造一个规模庞大、高效率的石油公司，欢迎他和我一起干。佩恩动心了，最后我用40万美元收购了他们的公司。

我知道，这家公司值不了这么多钱，但我是站在战略的角度看问题：这是我收购计划的第一枪，只要打响了这一枪，克里夫兰的所有炼油商就会迅速归于我的麾下，我就会朝世界最大炼油商迈出关键性一步。

🔊 站在战略的高度看问题

要学会站在大局看问题，内心要时刻牢记：自己追求的目标是什么？千万别因小失大，在追求目标的过程中被一些细枝末节的问题给缠住了。

事实证明，我的决策是多么正确！不到两个月时间，我就收购了22家竞争对手，成了这场收购战的最大赢家。之后我一发不可收，在短短的三年时间里，接连征服了费城、匹兹堡和巴尔的摩的所有炼油商们，掌控了全美所有的炼油行业。

现在看来，我似乎很幸运。但当时如果我不策划运气，不采取行动，只是一味地随波逐流，我可能早就被人吃掉了。

📢 策划的运气可以助我们事业成功

善于策划运气的人总是更容易取得成功，洛克菲勒大肆收购炼油厂，并最终掌控了全美国所有炼油业的过程，不就很好地验证了这一点吗？

我坚信一点：世界上永远没有不劳而获。所以，我对那些因循守旧、随波逐流的人，永远都是嗤之以鼻。在他们的大脑里，错误的思想早就在那里盘根错节了，他们没有上进心，认为只要能全身而退就万幸了。

我亲爱的儿子，要想我们的生活好运不断，就必须精心地策划运气。首先要有一个好的计划。要想做出一个好的计划，必须考虑两个先决条件：一是目标，也就是你要干什么，或者说你想要成为什么；二是资源，你拥有的地位、财富、人脉和能力等等。

这两个条件没有先后之分。你可以先设定自己的目标，再寻找可用的资源。或者将两者混合在一起，形成第三种、第四种方法。比如，你已经有了目标，也拥有了一定的资源，但还不够，你必须再创造出一些资源。或者你拥有一定的资源，也有了一个初步的目标，但你必须根据现有资源，提高或降低原有目标。

当你把这些准备工作做好之后，就有了一个设计运气的基础。接下来，你要做的就是用手段去实现，让时间去验证，等待运气翩然而至了。

📢 策划属于自己的运气

你是不是在追求某一目标的过程中，曾经想过："要是好运能降临到我头上就好了！"从现在起，你要坚信，好运不会自己找上门，但你可以策划属于自己的运气。

我亲爱的儿子，你要牢记：策划运气就是策划我们的人生。所以，在你等候运气来敲门的时候，你要知道怎样引导运气。你也来试一试吧！

爱你的父亲

不管做任何事情，要想取得成功，不排除运气的存在，可如果自己不努力，整天等着运气来敲门，那恐怕一辈子都要一事无成了。所以，要想让自己的人生好运不断，有所成就，就必须精心策划自己的运气，等你的精心准备工作做完后，运气自然会翩然而至。

08 天堂与地狱比邻：你的态度决定了你的位置

> 小约翰的心声：今天的工作结束了，我感觉好累呀！坐在这里给您写信，我那颗紧张的心终于放松了下来。爸爸，我真想结束现在这整天忙碌的日子，要是不工作也可以永远衣食无忧，尽情享受，那该多好！可是，我看您整日忙碌，似乎一点也没有劳累的感觉。亲爱的爸爸，请您告诉我，这其中有什么秘诀吗？

亲爱的约翰：

有一则寓言让我感触很深。这则寓言是这样说的：

在古老的欧洲，有个人死后来到一片乐园，在这里，他可以尽情地享用一切。他刚一踏上这片乐土，就有个侍者模样的人迎了上来："请问先生，您想要点什么？在这里，您可以随心所欲地享用一切——任何珍馐佳肴，任何可能的娱乐和各种各样的消遣，甚至包括美女，您都可以尽情享用。"

听到这话，这人先是非常惊讶，继而又高兴起来。他高兴地想：

"这不正是我有生之年的梦想吗？"接下来，他开始尽情享用这里的珍馐佳肴，整日有美女相伴。终于有一天，他厌倦了这种生活，于是他把侍者叫来，对他说："这样的生活太无聊了，现在，请您帮我找一份工作吧！"

让他没想到的是，他竟然遭到了拒绝。侍者告诉他："对不起先生，这是我们这里唯一不能为您提供的服务，我们这里没有可以提供给您的工作！"

这人非常失望，他恼怒地挥挥手："算了！还是让我去地狱吧！"

"我的先生，您觉得你现在在什么地方呢？"侍者微笑着说。

我亲爱的儿子，这则寓言很有幽默感，它告诉我们：失去工作就等于失去了快乐！但遗憾的是，许多人非要等失去工作以后才意识到这一点，我真替他们感到不幸！

🔊 失去工作就等于失去乐趣

也许你现在向往什么也不做却什么都可以拥有的生活，但是，真的让你去过那种日子，相信用不了多久，你就会感到厌倦了那样的日子，和生活在地狱里没什么区别。

我为一直拥有工作而自豪。这并不是我走运，而是我从来不把工作当成一种负担，我总能从工作中找到无限的乐趣。

在我看来，能够享有工作是一种特权，它给予我的，远胜于维持生计。它成就了人们的事业，造就了社会的繁荣，塑造出无数天才。对于年轻人来说，不管他们的父母多么富有，他们都能比父母更有作为。工作虽然只带给我们微乎其微的报酬，但却奠定了我们幸福的基础，它让我们的生活变得丰富多彩。但是，要想获取这些恩惠，我们必须先学会爱它。

在我刚开始进入商业界时，就经常听人们说，要想到达事业的巅峰，必须做好牺牲的准备。但是，随着时间的流逝，我开始认识到，那些正向事业高峰攀登的人们，并不是在"牺牲"，而是因为真正地喜爱工作才努力付出。他们向上攀登时，都是全身心地投入，因为真心喜爱自己所从事的工作，成功就是自然而然的事了。

对工作的热爱是一种信念，这个信念可以带领我们在绝望的大山中开凿出一条希望之路。正如一位画家所说："痛苦终将过去，美丽终将永存。"

但有些人的做法似乎有些愚蠢，他们有抱负，却对工作百般挑剔，他们一直在找寻十全十美的老板或工作。事实上，老板们喜欢的是能按时上下班、忠诚而努力工作的员工，喜欢那些特别努力、特别忠心、对工作充满热情、肯全身心地扑在工作上的员工，因为老板做的是生意，而不是慈善事业，所以他要的是能为自己创造更多价值的人。

◀)) 工作让我们的生活丰富多彩

能享有工作是一种幸福，工作可以给我们带来一定的报酬，保障我们的基本生活，还可以为我们将来创业打下基础，给我们的生活带来无限乐趣。总之，工作可以让我们的生活变得丰富多彩。

即便一个人的野心再大，他也得先起步，才能最终到达事业高峰。一旦迈出第一步，以后的路就比较容易了。工作越难，越缺少乐趣，就越要立刻行动。因为等待时间越久，困难就会越大。就像射击一样，你用来瞄准的时间越长，射中靶子的几率就越小。

我做簿记员的经历让我终生难忘，那是我的第一份工作。那时，我每天天刚蒙蒙亮就要去上班，当时，办公室点的是鲸油灯，光线非常昏暗，但我从来没觉得工作枯燥乏味过，我沉迷于其中，任何繁文缛节都没有妨碍我对它的兴趣。结果可想而知，我的薪酬不断增加。

所以，薪酬只是一个人工作的副产品。努力工作，出色地完成你的任务，你自然会获得理想的薪酬。更重要的是，我们因此而获得的，不仅仅是最高的薪酬，而是我们因此会成为什么。一些聪明的人拼命工作绝不是为了赚取高工资，而是有一种力量在支持他们长期对工作保有热情，这种力量比赚取高额报酬的欲望更高尚，因为他所从事的是一项充满乐趣的事业。

🔊 薪酬只是工作的副产品

只要你真心喜爱工作，对工作充满热情，为公司创造出源源不断的业绩，你的优异表现自然会引起老板的注意。试想，哪个老板不喜欢优秀的员工？为了能让你一直为他服务，他自然会不断给你增加薪酬。

说实话，我从小就充满野心，梦想成为全美国最富有的人。我曾经在休伊特·塔特尔公司服务，在那里，我的才能得到初步发挥。这家公司代销各种商品，拥有一座铁矿，还经营着铁路和电报，这是两项给美国经济带来革命性变化的技术，也是这家公司的经济支柱。在这里，一幅妙趣横生、广阔绚烂的商业画面在我面前展开，我养成了以数字和事实说话的习惯，也见识了运输业的强大威力，形成了商人必备的能力与素养。这些都对我未来的经商生涯发挥了重要作用。可以说，没有在休伊特·塔特尔公司的经历，我的事业发展还会走很多弯路。

如今，一想起休伊特和塔特尔两位先生，我就对他们充满了感激，那份工作是我事业的开端，为我的事业发展打下了坚实基础，那三年半的经历让我永生难忘。

有些人总是在抱怨他们的老板，说："我们简直就是他的奴隶，他高高在上，在漂亮的别墅里尽情享乐，却把我们踩在脚下。"或者说："他的保险柜里装满了金钱，可那里的每一块钱，都是我们用血汗换来的！"我从来不会像这些人一样抱怨自己的老板。不知道他们有没有想过，是谁给了你工作的机会？是谁给了你成家立业的可能？是谁给你发展自己的平台？既然你认为别人是在压榨你，那你为什么不离开那里？

对待工作的态度，决定了我们能否快乐。三个石匠在雕刻石像，当有人问他们在做什么时，一个回答说："你没看到吗？我在凿石头呢，再凿完这块我就可以回家了！"在这种人的眼里，工作永远是一种惩罚，他最常说的一句话就是："好累！"

另一个人说："你没看到吗？我在雕刻石像呢。这份工作虽然辛苦，但报酬很高。不管怎样，我还有老婆和四个孩子，我需要养家。"在这种人的眼里，工作永远是一种负担，他最常说的一句话就是："我要养家糊口。"

第三个人会放下锤子，骄傲地用手指着石像，说："你没看到吗？我正在雕刻一件艺术品！"这种人永远以工作为乐，并以此为荣。他最常说的一句话是："这是一份很有意义的工作！"

所以，是天堂还是地狱，关键在于你的态度。如果你觉得工作有意义，不管你从事的是什么职业，你都能从中找到快乐。不管你的成就是大还是小，你都能始终对工作保有热情。假如你不感兴趣，再简单的事也会变得困难。当你抱怨工作很累时，即便你没怎么用力，你也会感到浑身乏力，反之则是另一种情况。事情就是这个道理。

◄)) 态度决定我们能否快乐

> 每个人都想让自己笑口常开，可是，有几个人真的能做到这一点？所以，表现优异者总是少数。你想让自己的学习充满乐趣吗？那就真心地喜爱学习，把学习过程当作一种享受吧，自然能体会到其中的乐趣。

亲爱的儿子，假如你把工作当成一种乐趣，你的人生就是天堂；假如你把工作当成一种负担，你的人生就是地狱。想一想你对工作的态度，也许你会从中找到快乐。

爱你的父亲

你还在抱怨现在的学习任务重、生活累吗？那就反思一下你现在的心态吧！你是不是因为父母的催促而觉得自己是在为他们学习？你是不是把学习当成了一种负担？要是的话，你现在肯定会有地狱般的感觉。从现在起，摆正自己的心态，真心地去喜欢学习，在学习中体会无限的乐趣。记住：天堂与地狱比邻，你的态度决定了你所在的位置。

09 事情一定有办法：心态决定我们的能力

> 小约翰的心声：爸爸，许多事情在我看来似乎根本就不可能，可您最后总能找到解决问题的方法，而且还能把事情解决得非常漂亮。还有，我听说您在打算对某个人委以重任时，您总是问他们一些稀奇古怪的问题。如果他们反驳说不可能，您最后总是取消自己的决定。而事实证明，被您委以重任的人，确实是能担当大任的人。亲爱的爸爸，您能不能告诉我，这其中是不是有什么诀窍？

亲爱的约翰：

你在来信中对我说，你打算提拔罗杰斯，对他委以重任。说实话，我也曾经尝试过，但结果却让我很失望。我的用人原则是：担当人任的人在面对一件事情时，一定要能找出最好的方法。但罗杰斯不行，因为他是一个思维懒惰的人。

在我决定提拔罗杰斯以前，我先问了他一个问题："罗杰斯先生，政府要想在三十年内废除所有监狱，你觉得应该怎么做？"他一下子愣在了那里，大概是疑惑我为什么会提这么个问题吧。一阵沉默之后，他开始反驳我："尊敬的洛克菲勒先生，这根本就是不可能的事！要把那些杀人犯、强盗和强奸犯全部放出来，你知道这会造成什么后果吗？会让我们整日不得安宁！不行，监狱绝对不能废除！"

我真想把罗杰斯那颗榆木脑袋给锯开。我提醒他说："罗杰斯先生，您刚才说的只是不能废除监狱的理由。现在，假如监狱可以废除，您打算怎么做？"

"这根本就是不可能的事，洛克菲勒先生！我不相信监狱可以废除，根本就没办法废除它！"这就是罗杰斯的答案——没有办法。

很难想象，如果对他委以重任，在机会和危难来临之时，他会不会发挥他所有的才智去积极应对。我觉得他做不到，他只会将心存希望的人们带进绝望的深谷。

🔊 事情一定有办法

没有不可能的事，那些认为不可能的，只是他们的思维过于懒惰。要相信，事情一定有办法，这样你才能真的想出办法来。

能找出解决问题的最好方法，才能保证做事情的成功。这不需要有过人的智商，但一定要相信有办法，必须抱有这种信念。当我们相信某件事一定做不到时，我们的大脑中立刻就会跳出一大堆做不到的理由。但是，假如我们相信事情一定有办法，我们就会想出各种解决问题的方法。

相信事情一定有办法，就会激发我们无限的创造潜能，想出各种解决问题的方法。可是，如果我们不相信事情可以解决，我们创造性的心智就会被关闭，当然也就不会有创造潜能的发挥了，我们的理想也会被浇灭。"有志者事竟成"就是这个意思。

我讨厌员工对我说"不可能"。"不可能"是失败的前奏，一旦一个人的思维被"不可能"所支配，他的头脑中就会涌现出一大堆不可能的理由。罗杰斯就是犯了这种错误，他的传统思维模式已经麻痹了他的思维。在他看来：监狱从建国之初就存在，是惩罚犯罪的一个最好方法，不能改变，也没必要去冒险。但是，只要用心去想，事情就一定有办法。那些被传统思维模式束缚住了的凡夫俗子们，总是喜欢守旧，厌恶进步。

我们要相信，不管做任何事情都能找到最好的方法。植物不能在冰天雪地中生长，我们的心灵也不要被传统的思维冻结，否则，新的创意就缺少了滋长的土壤。

◀)) 打破传统思维模式

如果总是让自己的思维圈于一个小圈子里，创新如何实现？社会如何进步？所以，只有打破传统思维模式，敢做第一个吃螃蟹的人，才能有所创新，才能在面对问题时产生"柳暗花明又一村"的感觉。

传统思维会束缚我们的心灵，阻碍创造力的形成，所以，它是创意形成的第一敌人。罗杰斯的错误就在于此。他本应乐于接受各种新奇的事物，抛弃"不可能"、"做不到"、"没用"、"这种想法很愚蠢"等垃圾思想。他应该有创新精神，勇于尝试新鲜事物，这样他的能力才能不断提升，担负起更大的责任。同时，他还应该勇往直前，不要想"这是我一贯的做事方式，所以这次我还要这么做"，而应该想"如何才能做得更好"。

没有一种方法可以达到绝对的完美，所以，创新永无止境。我深知这一点，所以我在面对问题时经常会寻求最优的解决方法。我从来不问自己"我能不能做得更好"，而是问自己"如何才能做得更好"。因为我很清楚，我一定可以做到。

要找出最优方法的最佳途径，就是要拥有许多创意。我总是在不断地提高标准，迫使自己和员工寻求提高工作效率的各种方法，以期用最小的投入收获最大的成果，用最少的精力做更多的事情。我清楚地知道，那些抱有"我一定能把事情做得更好"态度的人才能收获最大的成功。

◀)) 寻找最优的方法

要相信，事情不仅有方法，而且一定能找出最优的方法。抱有这种心态的人，才会拥有更多的创意，才会让我们的工作效率更高，才有助于我们实现更大的成功。

但是，这种态度的形成也需要培养。培养方法是，每天问自己：我今天应该怎样把工作做得更好？我今天应如何激发员工的工作热情？我还能为公司做些什么？怎样让自己的工作更有效率？这种培养方式很简单，但也很管用。不信你试试看，你一定可以找到更多有创意的方法来实现更大的成功。

心态决定我们的能力。你认为你能做到什么程度，你就真的能做到什么程度。只要你真心地相信你能做更好，我们就会拥有许多创造性思维。

不敢接受挑战是愚蠢的行为。我们应该多想想如何才能做得更多更好。这样，创意才会源源不断地出现在我们脑海。比如对目前的工作计划进行改进、寻找日常工作的捷径、取消可有可无的琐事等等，这些提高我们工作效率的方法会纷纷涌现。

我亲爱的儿子，你可以和罗杰斯谈一下，我希望他能改变一下自己的思维，那样他的日子就会好过许多。

爱你的父亲

多年前，许多人都不相信人类能上天，但后来却有人发明了飞机；多年前，许多人也不相信人类能登上月球，但后来却有人发明了宇宙飞船；多年前，许多人也不相信一个人在这里说话，几千里外的人也能听到，但后来却有人发明了电话。类似的例子还有很多很多，只要你勤于思考，坚信事情一定有方法，就一定能找到解决问题的途径。你要坚信：癞蛤蟆也能吃到天鹅肉！

10 失败是一杯烈酒：
把失败变为激励我们前进的动力

○ 小约翰的心声：爸爸，前段时间，我把自己的大部分资产拿了出来，投入一百万元去做一项生意，本来想大赚一笔，没想到却全都赔了进去。这段日子，我吃不下，睡不着，整天都在想这件事。前几天，一个朋友邀我和他一起干，他对前景的预测很诱人，要是以前，我肯定毫不犹豫地入伙了。但是这次，我没有立刻答应他，我怕还像上次那样输得很惨。亲爱的爸爸，我现在该怎么办？

亲爱的约翰：

　　我最近发现你的情绪很低落，对此我很难过。我能感觉到，那笔让你赔了一百万元的投资让你感到羞耻，以至于现在整天愁眉不展，怅然若失。其实，你没必要这样，偶尔的一次失败根本算不了什么，这不能证明你的无能。

　　振作起来，我的儿子！你应该知道，没有哪个人的一生可以一帆风顺，到是失败时刻与人们如影随形。正因为存在太多的失败，成功才变得充满魅力，许多人为了得到它而竞相追逐，甚至不惜以生命做赌注。尽管如此，他们仍然屡败屡战。

　　我也是其中之一。但我和别人不一样，失败对我来说，就如一杯烈酒，虽然苦涩，却能振奋精神。

◄◄)) 把失败变成一杯烈酒

每个人都经历过失败，但有的人却从此沉沦下去，有的人却继续前进，在经历了一系列失败后，最终走向了成功。这其中的秘诀就是：他们把失败变成了一杯烈酒，用来振奋自己的精神，激励自己继续前进。

在我刚跨入商业界，打算大干一场时，就遭到了一场灾难性风暴的袭击。当时，我们和别人签订了一份合同，打算购进一大批黄豆，准备到时候大赚一把，但是，一场出其不意的霜冻，把我们的美梦击得粉碎。我们只收上来一半的豆子，而且，缺德的供货商还在里面掺杂了许多沙子和细小的豆叶、豆秸。看来，这笔生意肯定是砸了。但我不甘心一直沉浸在失败中，那样只会让我们距离目标和梦想越来越远。

天下没有免费的午餐，我也不能一直维持现状。因为我清楚地知道，不前进就是后退。但是，要继续前进，就必须大胆决定，勇于冒险。这次的失败，我不得不继续向我爸爸借贷。为了让我们的生意出人头地，我对我的合作伙伴克拉克先生说，我们必须在报纸上做广告，宣传自己，告诉那些潜在的客户，我们可以为他们提供高预付款，还可以提前供应大量农产品。

结果，我们的胆识和创意拯救了我们。那一年，"黄豆事件"不仅没有影响我们的生意，还让我们大赚了一笔。

没有人喜欢失败，但我们不能因此而将避免失败作为自己的做事动机，那样会让你变得懒惰无力。这种思想很可怕，甚至是一种灾难。在这种思想下，那些原本属于你的机会也会和你失之交臂。

◄◄)) 避免失败就等于保证破产

谁也不敢保证自己能百分百成功，但是，没有冒险的胆量，没有敢于承担失败的勇气，怎么可能抓住机会，走向成功？洛克菲勒的经历不就是个很好的说明吗？假如他当时只顾自怨自艾，怎么会有后来的成功？

　　我亲爱的儿子，你要知道，机会不常有。许多人因为有了机会而事业有成，赚取了巨额财富。看一下那些贫困的人你就会知道，他们不是无能，也不是没有努力，而是因为没有机会。你应该清楚，我们生活在一个弱肉强食的社会，如果你不能吃掉别人，你就会被别人吃掉，躲避风险就是在破产。假如你能利用机会，别人就没有了机会，这样就保证了自己。

　　担心失败就不敢尝试，不敢尝试就会和机会失之交臂。所以，我亲爱的儿子，为了在机会来临时能及时抓住，保住自己竞争者的资格，付出失败和挫折也是值得的！

　　失败是走向成功的螺旋梯。可以说，我能取得今天这样的成就，是失败让我不断奋起，是失败成就了我。与其他失败者不同的是，我比较聪明，知道拜失败为师，从中汲取成功的因子，用自己之前意想不到的手段，去开拓自己的新事业。所以，只要不把失败变成一种习惯，失败就是一件好事！

　　我的座右铭是：不论遭遇怎样的失败与挫折，都要始终充满活力，奋勇直前。我很清楚，怎么做才能让自己感到快乐，什么事情值得自己毕生追求。一个人的人生目标，会像清洁工手中的扫把，在你走向成功的路上，帮你清扫垃圾。我亲爱的儿了，你知道自己的目标在哪里吗？只要你始终坚持，成功就一定会到来。

　　乐观的人在苦难中看到机会，悲观的人则在机会中看到苦难。我亲爱的儿子，告诉你一个我始终坚持的成功公式：

　　梦想+失败+挑战=成功。

　　当然，失败也具有很强的杀伤力，它会让人萎靡不振、丧失斗志和坚持下去的勇气，关键是你如何看待。托马斯·爱迪生先生是一位伟大的发明家，在他成功发明电灯以前，曾经做了一万多次实验，但他却把失败变成了自己成功的试验田。

　　当时，《纽约太阳报》的一位年轻记者去采访他，他问爱迪生："爱迪生先生，您的发明已经失败了一万次了，对此，您有什么看法？"爱迪生对他使用的"失败"一词很不满意，他意味深长地对那位记者说："小伙子，你的人生之旅才刚刚开始，现在，我来告诉你我从中得到的启示，这会对你的未来很有帮助：我不是失败了一万次，而是发现了一万种行不通的方法！"

◀)) 任何时候都不要宣布精神破产

所谓精神破产，就是宣布自己彻底失败了。爱迪生的经历告诉我们，只要精神长存，即便经历了一万多次失败，与成功相比，那又算得了什么！失败，只是成功的试验田。

我亲爱的儿子，千万别宣布你的精神破产，否则你会输掉一切。你应该清楚，人的事业就像翻涌的浪涛，假如你踩在浪头上，功名会纷至沓来。而一旦错失机会，你将终生被搁浅在沙滩上，这样的人生是悲哀的。失败也是一种学习经历，它可以变成墓碑，也可以变成我们的踏脚石，关键在于你的态度。

勇于接受挑战才有成功的机会，千万不要因为偶尔的失败而停止前进的脚步，战胜自己，你就是最大的胜利者！

爸爸相信你，儿子！

爱你的父亲

你还在为这几次的考试失败而愁眉不展吗？你已经很努力了，可成绩却总是那么糟，你是不是怀疑自己天生就是差生呢？就像没有永远的成功一样，世界上也不存在永远的失败，关键是你要把失败变成一杯烈酒，这酒虽然苦涩，但却可以让我们精神为之一振，保证我们精神十足地继续前进。

11 借口是制造失败的病源：不找借口找方法

> ● 小约翰的心声：爸爸，这次生意我又失败了。我反思了这次失败的教训：那段时间，我正好身体欠佳，我的心情受到一些影响，投入工作的精力自然也受到一些牵扯。更重要的是，我这次的对手是生意场上的老手，成熟而老辣，而我只是个新手。输给这样的对手，似乎也没什么可耻吧？亲爱的爸爸，虽然这次失败了，但我想下次不能再这样了，我必须要成功。对此，您能给我一些建议吗？

亲爱的约翰：

在这次高尔夫球比赛中，斯科菲尔德船长又输了，他气急败坏，一下子就把那根漂亮的高尔夫球杆扔了出去。唉！他只能再买一根新的了。

说实话，我还是挺喜欢船长的性格的，人就是应该有好胜之心，打球也是如此。所以，我准备送他一根新球杆。这可不是对他发脾气的奖赏，但愿他别误解了我，不然我可就倒霉了。

斯科菲尔德船长还有一个优点，尽管输掉比赛让他很不高兴，但他认为胜利并不代表什么，而是努力取胜才至关重要。所以，他从不为自己的失败找借口，这一点令人称道。事实上，他可以找出一大堆理由来为自己讨回颜面，比如自己年龄大了、体力欠佳等等，但他从来没有这么做过。

在我看来，喜欢找借口是一种严重的思维病，所有失败者都患有这种病症。当然了，普通人也有一些轻微的病症。实际情况是，一个人越成功，他越不会找借口，那些不断取胜的人和一事无成的人的最大区别，就在于是否喜欢找借口。

只要细心观察我们就会发现，那些一事无成、也没有打算要成就一番事业的人，总能找出一大堆的理由来为自己解释。他为什么没有完成？他为什么没有去做？他为什么不能做？他为什么不能做成那样？失败者总能找出各种理由来解释自己的失败。

我鄙视那些喜欢找借口的人，因为这是无能的表现；我同情那些喜欢找借口的人，因为这是他们不断失败的病源。

失败者一旦找到一个"好"借口，他就开始加以利用。他拿这个借口安慰自己，并跟别人解释：他为什么再也做不下去了？他为什么没能取得成功？刚开始的时候，他还知道这是在自欺欺人，但是重复次数多了，就连他自己也相信那是真的了。这样一来，他就为自己的失败制造了病源，他的思维开始懒惰、僵化，千方百计要赢的动力烟消云散，但他却从不承认自己喜欢找借口。

🔊 借口是制造失败的病源

喜欢找借口的人，失败后不是从中汲取教训，而是努力证明自己为什么没有成功。这种思维一旦成为习惯，他也就失去了前进的动力，接下来的失败就成了必然。因为他早已为自己的失败制造了病源。

我经常听到有人说："我是经过一番努力才成功的。"但却从来没有听到过任何人说："我的失败都是自己造成的。"失败者都有失败者的借口，他们会把责任归结到家庭、性格、年龄、环境、时间、肤色、宗教信仰、某个人甚至上帝，甚至还有最蹩脚的借口，如身体状况、智商和运气等等。

身体状况是一个比较常见的借口。失败者在找借口时经常会说："我的身体欠佳。"或者"我这里或那里不舒服。"事实上，哪个人的身体是完全健康的？大家都有这样或那样生理上的毛病。

很多人都会部分或完全被这种借口打败，但一心要成功的人则不会。盖茨先生曾经给我引荐过一位大学教授，在一次旅行中，他不幸失去了一条手臂，但他却是一位乐观者，他喜欢微笑，还乐于助人。那天，当我们谈到他的残疾时，他说："那不过是一条手臂而已！当然了，完整总比缺一个好。幸运的是，我被切除的只是手臂，心灵还完整无缺。我实在应该感到庆幸！"

有句谚语说得好："我一直苦恼于自己的破鞋子，直到我看到一个没脚的人。"与其抱怨自己某个部位不舒服，不如庆幸自己拥有健康。感谢你所拥有的健康，这样的心态可以帮我们预防疾病。我经常告诫自己：累坏总比朽掉好。生命是供我们享受的，如果浪费时间去担心自己的健康，可能真的会生出病来，而这，才是最大的不幸。

🔊 成功者不会找借口

有些人在追求成功的路上，即便偶尔遭遇失败，他也不会为自己找任何借口。他所做的，只是调动自己的全部资源，发挥自己全部才智，继续前进，这种人注定会成为赢家。

"我的智商有限"也是一个比较常见的借口。百分之九十五以上的人都有这样的毛病，只是每个人的程度不一样。和其他借口不同的人，人们只在内心对自己这样说，而不会公开承认自己智商低下。

我发现，许多人对"才智"的理解都是错误的，这种错误表现在两方面：贬低自己的智商，高估别人的智商。在许多人看来，要接受挑战必须得有相当的才智，而自己才能有限。但假如他们根本不去考虑自己的才智问题，而是勇于尝试，他们一定可以做得很优秀。所以，认为自己愚蠢的人，才是真正的愚蠢。

最重要的不在于你才智的高低，而是你如何去运用你现有的才智。要成为一个高智商的人，不需要有敏捷的速度，不需要有超人的记忆力，也不需要多好的成绩，而在于你是否对工作有着强烈的兴趣和热忱。是否拥有兴趣和热忱是决定我们成败的关键。

我们对工作的热忱程度决定了事情的结果。对工作的热忱可以使事情完成得更漂亮。许多人不了解"热忱"的含义，其实这是对工作的一种狂热激情，这种精神可以保证我们在工作时充满干劲，是我们成功的保障。

所以，才智一般的人，只要保有积极乐观的态度，善于与人合作，和有着杰出才智，却消极悲观的人相比，他能创造更多的财富，赢得更高的社会地位，成就更卓越的人生。不管一个人从事的是什么工作，琐碎的小事也好，艰巨的任务也好，重大的计划也好，只要他满腔热忱地去做了，他所取得的成就一定会远远超过那些才智杰出却思维懒惰的人。因为，在一个人的能力中，专注与执著占据了重要比例。

总是有人在感叹，怎么那么出色的人也会失败呢？我想，如果一个高智商的人在用他全部的才智，努力证明自己为什么不能成功，而不是全身心地去创造成功，那他的失败就是必然的。消极的思想会束缚一个人的智商，让他们无从施展自己的才华。假如他们能改变一下自己的心态，他们一定可以创造杰出的成就。

🔊 成功与才智不成正比

高智商只说明我们拥有较高的天赋，并不是决定我们成功的因素，更不会和我们的成功成正比。智商平庸的人如果能对一件事充满热情，调动自己的全部才智，他照样可以成就自己的卓越人生！

想成就一番事业却不知道想办法，这种人的大脑只能变成一桶廉价的糨糊。

努力发挥我们的聪明才智，这比高智商更重要。这是成功的基本法则，即便拥有再高的学历也必须遵循这一法则。所以，业绩的好坏和一个人的智商无关，关键在于一个人的心态。成功的商人从不怨天尤人，而是始终充满热情。一个人的天赋无法改变，但我们却可以决定如何运用天赋。

许多人都深信"知识就是力量"，他们因此拿自己的才智不足充当借口。但我觉得这句话只说对了一半。实际情况是，知识的确蕴含力量，但知识必须付诸实践，才能起到建设性的作用，才能彰显它的威力。

在标准石油公司，你永远也找不到活字典式的人物，因为我不需要只会记忆却不会思考的"专家"。我需要的是，能够发挥其所有才智，真正可以解决问题的人，有抱负并且肯为自己的抱负而努力的人。有创意的人可以为我创造价值，只有超强记忆力的人则不能。

一个从不拿自己的才智不足当借口的人，不会去考虑自己的才智高低。他们只专注于运用自己的才智，发掘自己的潜能。因为他们很清楚，才智的多少不重要，关键在于如何运用自己的现有才智，调动自己的全部智商。他经常告诫自己，心态比才智更重要。他对成功有着强烈的渴望，抱着"我一定要成功"的心态。所以，他不会考虑自己会不会失败，以及为什么失败，而是调动自己的全部才智为成功开路。他清楚地知道，思考比记忆更能创造价值，所以，他会调动自己的全部才智去不断创新、寻求解决问题的最好方法，他不断提醒自己：我要运用自己的心智创造历史，而不是去记录别人创造的历史。

◀)) 思考比记忆更有价值

纯粹的记忆机器也可以完成，但思考却只有人类才能做。正因为如此，是人类控制机器，而不是机器控制人类。正因为人类有了思考，才能不断创造财富，推动社会进步。所以，思考比记忆更有价值！

任何事情的发生都不是没缘由的，人类的遭遇也是如此。所以，许多人在失败后，就把原因归结为自己的运气不好，而其他人之所以能成功，是他们的运气好。我从来不相信天赐的运气，我只把自己精心策划的计划和行动叫运气。

如果以运气为依据来决定自己要做什么，那么，没有一桩生意可以成功。假如当时标准石油公司根据运气来选择领导者，把所有员工的名字都写在一张纸上，装进一个大桶里，随便抽取，抽出的第一个名字是总裁，第二个名字是副总裁，以此类推。是不是很可笑？但运气就是这样的。

我相信有因必有果，所以从不臣服于运气。那些看起来似乎好运当头的人，只要细心观察就会发现，他们的成功无不是精心准备和计划的结果。那些似乎运气不佳的人，事情的发生也有着明确的原因。成功者勇于面对挫折，从失败中汲取教训，转危为安。平庸者在面对失败时，则会怨天尤人，甚至就此沉沦下去。

没有人可以靠运气成功，成功必须以努力为代价。我从来不指望运气可以给我带来我想要的，所以我把全部精力用来提升自己，修炼自己作为赢家的各种素质。

不要相信"运气"

有人买彩票中了大奖，在人们看来，他的确运气很好。但只要我们仔细想想就会发现，中奖也是存在一定几率的，只是这份好运恰好落在了这人头上。但是，我们要想做点什么，就不能以运气为依据了，不然，那微乎其微的几率，很快就会让我们输得一干二净。

百分之九十九的失败是因为善于找借口，是借口把他们挡在了成功的大门外。所以，要想事业有成，一定要牢记：绝不为自己找借口！

爱你的父亲

失败后找借口，似乎是人们的通病，但一旦让借口形成习惯，我们的失败就成了必然。因为借口会在我们的成功之路上竖起了一道铜墙铁壁，要想跨越，简直比登天还难。所以，要想成功，从一开始就不要为自己找任何借口。我们的学习也是一样，考砸了就是考砸了，马虎不能成为我们的借口，题目太难、没见过也不能成为我们的借口，阴天下雨、心情很糟更不能成为我们的借口。只要有了这个心态，你一定会在下次的考试中考出好成绩。

12 不在同一个地方跌倒两次：
跟魔鬼学习生存之道

> ○ 小约翰的心声：爸爸，在这次生意中，我被人欺骗了。更让人伤心的是，欺骗我的是我的一位好友。在此之前，我们的关系一直很好，我们可以说是无话不谈。没想到他却为了金钱，跟别人合起伙来来蒙骗我！我好伤心啊。现在，除了我的家人，我不知道自己以后还可以相信谁。亲爱的爸爸，您能不能告诉我，人心怎么这么经不起利益的诱惑？

亲爱的约翰：

你还在伤心吗？如果是的话，我想对你说点什么。

在我们人类社会，几乎所有人都受制于一种特殊的力量，这种力量非常强大，无论我们人性的外衣包裹得多么严密，它都能轻而易举地剥落，将我们赤裸裸地暴露在阳光下，在肮脏与纯洁的图版上，我们被公正地区分开。不管你多么伶牙俐齿，此时的辩护也起不到任何作用。这就是利益的力量，它是检验我们人性的试金石。

利益就像一面魔镜，在它的光照下，人性中一切与伦理和道德有关的本质都会现出原形。你是不是觉得我的话太绝对了？但我的经历就是这样告诉我的。

我不知道人类史学家是如何解释人的高尚与丑恶的，但我的经历告诉我，利益几乎无坚不摧。许多本可和平相处的人、民族、国家，都被利益所牵引，开始钩心斗角，争得你死我活。他们设置了种种陷阱和骗局，并编造出各种谎言来污蔑、诽谤和诋毁自己的对手，甚至采取最血腥的搏斗、战争，像强盗一样在光天化日之下掠夺，这些，都是由于人们受了利益的驱使。从这个意义上说，我们不是自己灵魂的主人，而是利益的奴隶。

◀)) **人都是利益的奴隶**

　　每个人都在追求自己的利益，这是一种正当需求。可是，有的人是通过正当途径、正当手段来追求利益，有的人则被利益蒙蔽了良心，在追求利益的过程中不择手段。我们要做的，就是时刻保持自己灵魂的纯洁，不要被社会上那些肮脏的思想给玷污了。

　　我敢说，在这个世界上，除了上帝，所有人都在追求利益。从你降生到人类社会那一刻开始，一场将伴随你终生的谋利游戏就已经开始了。在这场游戏中，你要与所有人开战，甚至包括你自己。你需要和你的弱点作战，和所有建立在你的痛苦之上的快乐行为作战。所以，当我认识到这一点之后，我就确定了自己的原则：我可以欺骗敌人，但绝不欺骗我自己。回击正在向我瞄准的敌人，我永远不会感到内心不安。

　　我亲爱的儿子，你可别误会我。我也不想让这个世界变得如此冷漠、如此压抑和令人窒息，我也渴望友谊，渴望彼此真诚相待，渴望善良和一切可以滋润我灵魂的美好情感，我深信这种情感一定存在。但遗憾的是，在追名逐利的生意场上，我根本就找不到这种感情，甚至还一再被欺骗和出卖。至今，我多次被骗的经历仍然历历在目，那真是刻骨铭心！

　　那次在克里夫兰被骗的经历让我记忆尤深。当时，炼油业生产过剩，利益越来越小，许多炼油商濒临破产边缘。而且，克里夫兰和油田距离遥远，也就是说，和油田附近的炼油商们相比，我们还要付出高昂的运输费。我决心要改变这种现状，把这些在死亡线上挣扎的炼油厂纳入自己麾下，把大家拧成一股绳，让每一个人都有钱可赚。

🔊 绝不欺骗自己

许多人为了追求最大的利益尔虞我诈，并在这个过程中丧失了自我，有的人甚至连自己都欺骗，连自己都出卖。虽然有时候为了保护自己的利益，我们不得不采取以牙还牙的做法，但是要永远牢记：我们可以欺骗敌人，但绝不欺骗自己。

我对那些濒临破产的炼油商们说，我们现在的处境很不妙，为了保住我们的利益，必须做出一些努力。我有一个计划，我觉得很不错，希望大家认真考虑一下。如果大家感兴趣，我愿意与大家合作。为了表达我的诚意，并出于战略上的考虑，我出高价买下了许多毫无价值的、只配扔在垃圾堆里的工厂。

但让我没想到的是，有的人竟然那么自私和忘恩负义。他们拿到钱后就又开始跟我作对，他们撕毁协议，用那些只配扔在垃圾堆里的废铁换来的钱重新购置设备，继续从事炼油业，并公开敲诈我，要我收购他们的工厂。当初，他们都要求我诚实，让我出高价买下他们濒临破产的工厂，我满足了他们的要求。没想到，他们的做法却让我如此寒心。那一刻，我伤透了心，也因此明白了，我不该人诚实，太善良，否则我不会像现在这么左右为难。

最让人难以忍受的是，有些本来亲密的朋友，为了自己的利益，转身就变成了我们的敌人。我就多次遇到过这种情况。我的两位教会朋友就一次次地欺骗我。上帝啊，我真不想历数他们的罪恶。但是，当我知道他们一直在欺骗我时，我震惊了。我实在搞不懂，他们也曾和我一起虔诚地祈祷，和我一起在上帝面前发誓，一定要摒弃骄傲、纵欲和贪婪之心，他们怎么会这么卑鄙！

经历了无数次的欺骗，听过了数不尽的谎言，我只好无奈地告诫自己：你只能相信自己，并且只有这样，你才不至于继续被人蒙骗。我知道我不应该有这种略带敌意的心态，但哪里都是欺骗，为了生存，我们不得不学会提防。

🔊 提防是生存之道

有一句话叫作"知人知面不知心",所以,不管别人说得多好,笑得多甜,我们都要有提防之心。社会在发展,人也在变,有的人本来很好,但某种特殊的经历后,他可能会变坏。所以,我们必须学会提防,提防是我们的生存之道。

跟魔鬼交往,会让我们变得越来越聪明。我从那些邪恶的"老师"那里学到了很多东西,现在要是有人想欺骗我,简直比登天还难,因为在这些魔鬼的帮助下,我已经建立了一套与人打交道的法则,现在我说给你,或许会对你有所帮助:

我可以表现自己的情感,但必须保证事情对自己有利无害;我可以让对手给我上课,但我绝不会给对手上课,即便我对事情的了解比他多得多;无论别人如何催促,凡事都要三思而后行,必须全面考虑后再采取行动;我只对自己负责;对于那些要我以诚相待的人,是想从我这里捞到好处,必须格外小心。

在谋利游戏中,欺骗只是一种策略,并不能从根本上解决问题。但是,这一游戏从来没有停止过,所以,我必须时刻保持警惕,并不断告诫自己:在这场游戏中,到处都是敌人,每个人都在考虑自己的利益,而不顾及他人的利益。我必须学会保护自己,并随时随地做好战斗的准备。

🔊 跟魔鬼学习生存之道

魔鬼虽然可怕,但他们的招数也很有限,不要被他们狰狞的面孔吓到,勇敢地去跟他们打交道吧,因为,他们会教给我们在这个社会上生存的技巧。

我亲爱的儿子,振作起来吧!命运之神是公平的,他在让我们失望的同时,也给了我们成长的机会。"华尔街事件"算不了什么,只是因为你太相信别人了。但是，你要牢记，聪明的人不会在同一个地方跌倒两次。

爱你的父亲

你一向认为很亲密的朋友，为了一点蝇头小利就欺骗了你、出卖了你，你对此一定很伤心吧？上了洛克菲勒老师的课，你的心情是否好点了？为了那些鼠目寸光的人伤心，不值得！振作起来吧，你应该为此感到庆幸，甚至还应该感激他，是他用行动给你上了生动的一课，也让你早早地看透了他的心，避免了以后再犯类似的错。如此看来，跟对手打交道也不一定是坏事。

在这个世界上，有许多人和事需要我们忍耐，也有许多人和事引诱我们做出冲动的决定。所以，你要学会管理自己的情绪。在做决策时，不要让自己的情绪出来捣乱。你应该清楚自己想要什么，并根据情况需要做出决定。你还要知道，我们可以争取的机会并不多，假如你真的想成就一番事业，就一定要保护这为数不多的机会，还要设法去抢夺别人的机会。

——洛克菲勒

第三章

基本的商业素质让我们游刃有余

13 聪明的人会弯腰：忍耐就是在保护机会

⊙ *小约翰的心声：爸爸，之前，我一直想在金融界做出一番事业，经过一段时间的努力，我终于坐上了花旗银行董事的职位。但是，在花旗银行做董事，我一直感到不快乐，但为了我的目标，我一直忍耐着。今天，我终于忍无可忍了，一怒之下，我辞掉了银行董事的职位。现在，我的心情好畅快，虽然暂时离开了金融界，但我却获得了自由，从此，不用再受任何人的摆布。亲爱的爸爸，我的决策是不是很明智？您是不是也为我感到高兴？*

亲爱的约翰：

你能把自己已经退出花旗银行的事告诉我，说明你很信任我，对此我很高兴。我知道，你伙伴们的一些做法已经让你忍无可忍了，你更不打算继续听任他们的摆布。

但是，你的决定也许不够明智，时间会告诉你一切。因为，假如你不离开，不主动辞掉花旗银行董事的职位，也许你会有更多的收获。

每个人都渴望自由，不愿意受他人的摆布。但是，胸怀大志、眼光远大的人则不然，他们为了最终的成功，会选择暂时屈服与忍耐，事实证明，这个策略屡试不爽。就拿我自己来说，我就曾经多次忍耐，但也因此而得到了我想要的。

◀)) 忍耐会让我们收获更多

如果你想得到某种东西，而控制这种东西的人碰巧很傲慢，目中无人，并且性格古怪，很难相处。你是选择放弃，还是忍耐？放弃就意味着你会永远失去机会，而忍耐则会让你心想事成。这还需要权衡吗？除非你忘了自己的目标。

我的公司刚刚启动，就面临着资金严重不足的情况。对此，克拉克先生打算邀请他以前的同事加德纳先生入伙，我非常赞同。因为加德纳先生很有钱，他可以为我们的公司注入大量资金，这样一来，我们就可以施展自己的抱负了。

但是让我没想到的是，加德纳先生不只是我们的钱袋，还是我的屈辱。他一来就要求公司改名，将克拉克–洛克菲勒公司改为克拉克–加德纳公司，他们要把我的名字从公司的名字中抹去。他们这么做的理由是：加德纳先生有威望，他的名字可以给我们带来更多的生意。

但是，这却大大伤了我的自尊。对此我很气愤，我也是合伙人之一，加德纳只是给我们带来了资金，难道有威望就可以剥夺我的名分吗？但是，我选择了忍耐，我告诉自己：你必须克制，保持平静的心态，这才刚刚开始，未来的路还长着呢！

我装作无所谓的样子对克拉克说："没关系。"谁都知道，这是一个谎言。试想，有谁在遭遇不公平待遇、自尊心受到严重伤害时，还可以如此不温不火！但是，我的理性占据了上风，心头那熊熊燃烧的怒火被理性浇灭了，因为我知道，我可以因此而收获更多的东西。

当然，我也不是没有原则的忍耐，因为我冷静地对当时的形式进行思考后发现，我的决定不会偏离或妨碍自己的目标。如果当时我选择大发雷霆，不仅会让我颜面尽失，还会让我们的合作出现危机，甚至他们会把我从合伙人中踢出去，这种后果是很严重的，因为这意味着，我要从头再来。但团结可以将我们拧成一股合力，不断壮大我们的事业，在这个过程中，我自身的力量和利益也会随之壮大。

◀))) 忍耐是为了最终的成功

如果你缺乏足够的实力，那你就要学会忍耐，记住：聪明的人会弯腰。在忍耐的过程中，我们的实力会不断壮大，而这儿，正是我们成功的基础。当时的忍耐，和现在的收获相比，又算得了什么呢？

我知道自己想要什么。在那之后，我继续全身心地投入工作。终于，三年之后，我成功地把那位以奢侈著称的加德纳先生请了出去，重新竖起克拉克–洛克菲勒公司的牌子。那时候，我已经很富有了，人们也已经开始尊称我为洛克菲勒先生。

在与克拉克先生合作期间，我得出一个心得：忍耐不是忍气吞声，也不是奴颜婢膝，而是一种策略，一台磨炼性格的机器，它会让我们变得争强好胜。

我崇尚人与人之间的平等，厌恶别人的颐指气使；但克拉克先生却让我很反感，他经常在我面前摆出一副趾高气扬的架势。在他的眼里，我目光短浅，只配做一名小职员，因为在他看来，我除了会记账和管钱外，其他什么都不会，离开了他，我更是什么都不是。这是对我的公开挑衅，但我又一次选择了忍耐。因为我知道，不管别人如何对我，我必须尊重我自己。我装作若无其事的样子，但在我的心里，我早就跟他开战了。我不断地对自己说：一定要超越他，用你的强大给他一记响亮的耳光，这是对他最大的羞辱。

◀))) 用强大的实力回赠挑衅你的人

有人说你蠢，是天生的差生，你打算怎么办？立即和他展开唇枪舌箭的战争，跟他们辩解你其实并不蠢，只是这几次碰巧没考好而已，还是选择默默地离开？聪明的做法是，以此化为自己前进的强大动力，设法让自己强大起来，考出好成绩，就是对他最好的回赠。

终于，克拉克–洛克菲勒公司永远成为历史，取而代之的是洛克菲勒–安德鲁斯公司，从此，我开始朝亿万富翁的目标快速挺进。能忍人所不能忍之忤，方能成人所不能成之事。

无论在任何情况下，冲动都是我们的大敌。假如一场不该爆发却即将爆发的冲突，因为一方的忍耐而化解了，这样的忍耐就是有价值的；一意孤行不仅无法化解危机，还会给我们带来灾难性的后果，安德鲁斯先生似乎根本就不明白这个道理。

安德鲁斯先生是一个自以为是却缺乏商业头脑的人，他不仅没有成就伟大商人的雄心壮志，还抱有非常邪恶的偏见。我们之间发生冲突是必然的事。

那一年，公司的收益非常好，在给公司股东们发放红利时，我们发生了冲突，并最终导致了我们分道扬镳。我希望只把收益的一半发给大家，剩下的一半则继续投入公司的运营中。但安德鲁斯却坚决不同意，他要把钱全分了，这个自私自利的家伙甚至恼羞成怒地威胁我，说要结束与我的合作。他在阻挠公司的强大，我无论如何也不能容忍。我顺势向他摊牌，让他对自己所持有的股票开价，他张口就说一百万元，我毫不犹豫地答应了。第二天我就用一百万元买下了他手里的股票。

那一刻，安德鲁斯兴奋得忘乎所以，在他看来，自己手里的股票根本就不值一百万元，所以他觉得自己这次真是交了好运。但是，出乎他意料的是，我把股票一转手就赚了三十万元。他知道后，竟然骂我手段卑鄙。我也不想因为这三十万元就留下卑鄙的恶名，我派人给他传话：如果他愿意，他还可以按原价把自己的股票收回。尽管很懊恼，但出于自尊心的考虑，他还是拒绝了我的好意。他没想到，他同时也拒绝了一次跻身于美国富翁的机会。我想，假如他当时不卖掉手里一百万元的股票，他现在早就成了千万富翁。但是因为赌气，他永远失去了这个机会。

🔊 冲动让我们丧失机会

在冲动的情况下，我们往往会成为情绪的奴隶。在这种情况下做出的决定，经常是不明智的、错误的，本来就要到手的机会也悄悄溜走，成功因此与我们失之交臂。所以，一定要学会管理自己的情绪，别让自己沦为情绪的奴隶。

我亲爱的儿子，在这个世界上，有许多人和事需要我们忍耐，也有许多人和事引诱我们做出冲动的决定。所以，你要学会管理自己的情绪。在做决策时，不要让自己的情绪出来捣乱。你应该清楚自己想要什么，并根据情况需要做出决定。你还要知道，我们可以争取的机会并不多，假如你真的想成就一番事业，就一定要保护这为数不多的机会，还要设法去抢夺别人的机会。

我亲爱的儿子，你要时刻牢记，忍耐会带给我们快乐、机会和成功，所以，一定要时刻把它带在身上。

爱你的父亲

 **智慧启迪**

班里成立了学习小组，你们小组的组长学习好，热心助人，但却有很多臭毛病。他有口臭，一说话就臭气熏天，有时候还夹杂几句脏话。对此，你很难忍受是不是？可是你的成绩很差，你急于提高自己的学习成绩，而他则可以帮你实现这个愿望。你是选择忍耐，还是远离？忍耐可以帮你实现自己的目标，远离则意味着你将保持现状。孰轻孰重，相信你已经很清楚。在未来的人生路上，你还会经历许多类似的事，只要我们始终牢记自己的目标，并随身带着为目标开路的一个必备武器——忍耐，成功就一定属于我们。

14 捞取更多好处的秘诀：做会装傻的聪明人

○ 小约翰的心声：爸爸，那天我跟您一起在路上走，您的一位下属突然迎面走来，就某件事发表了一番见解。连我都能听得出来，他的想法是多么的幼稚。但您不仅没有打断他，微笑着听完了他的话，甚至还对他进行了赞许和鼓励。亲爱的爸爸，我实在搞不懂，他的话对我们根本就没有任何借鉴意义嘛，但您竟然还浪费自己的宝贵时间，耐着性子听完，爸爸，您这不是傻吗？

亲爱的约翰：

明天我要回趟老家，去克里夫兰处理一些家族事务。在此期间，我希望你能帮我处理一些公司事务。不过我要提醒你一下：假如你在这个过程中遇到一些棘手的事，或者自己拿不定主意的事，你要多征求盖兹先生的意见。

盖兹先生是我工作上的得力助手，我对他非常信任。他忠诚，坦率，任劳任怨，而且精明能干，在我犹豫不决时，他总能帮我做出最明智的抉择。他一定会对你起到很大帮助，但是你一定要尊重他。

儿子，虽然你是布朗大学的高才生，经济学与社会学方面的知识很丰富，但你应该知道，知识必须付诸实践才能起到作用，否则就只是空头口号。而且教科书上的知识，大部分都是知识匠人钻在象牙塔里编造出来的，在遇到实际问题时，很难对我们起到帮助。

要想让你的人生之路畅通无阻，你就必须摆脱自己对知识和学问的依赖心理，这点很关键。

你要知道，知识只有被灵活运用才能发挥作用，而它本身并不代表什么。你要做一个能灵活运用知识的人，就必须首先成为一个有执行能力的人。

🔊 摆脱对知识和学问的依赖

一些刚刚参加工作的大学毕业生，总喜欢拿知识往这里套、往那里套，甚至对比自己学历低的人摆出一副不以为然的姿态。其实，他们这是对知识和学问过于依赖了。我们要永远记住，不管你的知识多么丰富，学问多么高，如果不能在实践中灵活运用，一切都是白搭！

那么，如何做到有执行能力呢？我认为，必须能够吃苦。经验告诉我，艰难困苦的经历——生活的不幸、创业的艰辛、事业的失败和艰难的创业路——不仅可以铸就我们坚强的性格，还可以养成我们的执行能力，而这儿，恰恰是我们成就大事不可或缺的。在艰难困苦中努力向上攀爬的人，知道如何千方百计地寻找手段和方法来解救自己。想方设法去吃苦，是我走向成功之路的助推器。

也许你会对我的想法嗤之以鼻，天下哪有这么傻的人？你错了！没有体验过不幸的人，才是真正的不幸。很多事情的发生都是来也匆匆去也匆匆，看看那些一夜成名或一夜暴富的人们，哪个不是很快就销声匿迹了？经历过艰难困苦建起的事业大厦，才是真正站在了坚实的地面上。人应该有远见，只有吃过长时间的苦，才会有长久的收获。

你也一定注意到了，从你来到我身边以后，我就没有对你委以重任过。这并不是我对你的能力有所怀疑，而是希望你养成善于做小事的习惯。

善做小事是成就大事的基石。假如你从一开始就高高在上，你就永远也体会不到员工的心情，就不可能真正灵活地用人。你要在这个世界上生存下去，要想成就一番事业，必须懂得借助他人的力量。要做到这一点，你就必须从小事做起，才能真正了解和体会员工的心情，一旦你坐上了领导者的位子，你就可以知道如何激发他们的工作热情了。

🔊 善做小事才能成大事

从小事做起，从吃苦开始，这是我们建立事业大厦的基石。因为，吃过苦的人才能体会下层人的感受，在激发员工工作热情时，懂得感情投入的重要性。这样的人更容易赢得员工的爱戴，为自己赢得最终的胜利。

儿子，在这个世界上，有两种人比较聪明：一种是灵活运用自己聪明的人，比如艺术家、学者、演员；另一种是灵活运用别人聪明的人，比如公司的经营者、政府的领导者。后者必须具备一种特殊的能力——掌控人心。但是在许多领导者看来，要掌控人心，只要有正确的指挥方式就行，所以，他们只知道高高在上地指挥。在我看来，他们是聪明的傻瓜，他们不知道，这样只会削弱他们的领导力。因为，人们对自己是否受到重视都很敏感，一旦自己被看轻，他很快就会丧失工作的动力，在这样人的领导下，员工往往表现得很无能。

受到鼓励的猪，可以爬上树。作为一个领导者和经营者，他如果善于驱使别人，必定会大有作为。这样的领导者都心胸宽广，懂得赞赏别人的威力。在这个过程中，他要付出深厚的感情，但是这样做能让他获得员工更多的爱戴，并为他赢得最终的胜利。

缺乏知识的人很难有一番作为，但是有知识的人也可能沦为知识的奴隶。我们都知道，人们一般都会受到第一印象的影响，刚了解一点就觉得"我已经懂了"、"我已经知道了"、"事情本来就是这样"，等等。一旦形成了这种观念，他就失去了继续探究的欲望，失去了对事物的兴趣，这种人必定不会成功。

还有一种情况，有的人本来对知识缺乏了解，但为了维护自己的自尊心和荣誉感，不肯承认自己不懂，也不好意思向人请教。在他们看来，无知是可耻的，而向别人请教，也是一件见不得人的事。这种人总是不懂装懂，自作聪明，他们永远也读不懂那句伟大的格言——每一次说不懂的时候，就是我们迈向成功和伟大的转折点。

做会装傻的聪明人

不懂装懂，自作聪明，只会束缚我们前进的脚步，让我们变得更加愚蠢。但是会装傻的人则不同，他一直在前进，甚至在装傻的过程中还会收获许多意想不到的机会。所以，这种人更容易走向成功。这就是装傻的魔力！

自作聪明的人是傻瓜，会装傻的人才是真聪明。如果把能捞到好处作为聪明与否的标准，那我绝对是个聪明人。

那一次装傻的经历至今仍深深地印在我的脑海。当时，我正为缺乏一万五千元钱而苦恼。那天，我在街上边走边思考这个问题，我满脑子都是借钱的念头。就在这时，一位银行家拦住了我的去路，他从马车上探出头来，悄声问我："我这里有五万元钱，你想不想借，洛克菲勒先生？"天哪，我真不敢相信自己的耳朵，世上竟有这样的好事。但我并没有表现出自己的兴奋，我看了看他，不紧不慢地对他说："这样吧……让我考虑一下吧，明天给你答复如何？"结果，我以很低的利息借到了钱。

装傻可以给我们带来很多好处。装傻的意思是，表现出低姿态、谦逊的态度，也就是说，藏起你的聪明。越是聪明的人越要学会装傻，因为，越是成熟的稻穗，越懂得弯腰。

学会隐藏自己的感情

买过东西砍过价的人都知道，你越是急切地想买下某件东西，反而越难砍下价来。相反，如果你抱着买不买无所谓的态度，我就出这个价，不卖是吧？那我走了。当你真扭身要走时，老板却突然把你喊了回来，这笔有利于自己的买卖很轻易就成交了。

亲爱的儿子，有了热爱，才能对事情驾轻就熟。从现在起，开始热爱装傻吧！

我能想到，在我离开的这段时间，要你独当一面不是一件容易的事，但这并不重要。"让我考虑一下吧"，这是我在生意场上惯用的一句话，也是我始终奉行的一句格言。我有一个习惯，在做出决定前，我总先冷静地思考和判断，一旦我做出了决定，就开始义无反顾地去执行，我相信你也可以做到。

爱你的父亲

村里的老爷爷只有小学文化，所以你总是在他面前摆出一副学者的姿态，但老爷爷却从来不跟你争辩，一直像个小学生一样任你教导。直到有一天，你用自己的知识千方百计解决不了的事情，老爷爷三下两下就给解决了，你是不是在惊讶的同时感到很羞愧？在这个过程中，老爷爷才是真聪明。从现在起，收敛起你的锋芒，学习装傻吧！

15 永远跑在前面的捷径：在合作中壮大自己的力量

> 小约翰的心声：爸爸，在生意场上，我一直遵循您的教导，当与对手发生冲突的时候，试着用合作的方式来解决。这一次，我们与金融大亨摩根又发生了冲突。这可是个强劲对手，如果开战，我们势必会两败俱伤。到时候，从中获利的会是我们的另一个强劲对手——卡内基。我不敢轻易开战，又试着用合作去解决问题。结果真是神奇，我们不仅什么都没有损失，收益甚至比合作之前还要好。亲爱的爸爸，这就是您给我说的合作的力量吧？

亲爱的约翰：

你终于与摩根先生达成了一致，这在美国经济史上具有划时代的意义，这一伟大时刻一定会永载史册，正如《华尔街日报》所说，这标志着"一艘由华尔街大亨和石油大亨共同打造的超级战舰已经出航，它将势不可当，勇往直前"。

我的儿子，你知道这是什么吗？这是合作的力量！

在妄自尊大者的眼里，合作是软弱无能的表现，是可耻的行为，但我以为，只要对我有利，合作就是聪明的选择。现在，让我来告诉你一些事实。

如果我的成功排除上帝的力量，那么，它主要来源于三大力量的支持：第一力量是按规律出牌，它保证了我们的企业得以永续发展；第二力量是残酷无情的竞争，在竞争的过程中，让我们变得越来越强大；第三力量就是合作，在合作中，我们可以收获更大的利益，捞到更多的好处。

在竞争中，我之所以能一直跑在前面，得益于我擅长走捷径——与人合作。在我财富之路的每一座驿站，你都可以看到我合作的足迹。从我步入社会的那一刻起，我就清楚地知道，无论在任何时间、任何地点，只要有竞争，只要我们不想陷入绝境，就不能孤军奋战。聪明者知道假借他人之力壮大自己，让自己存在下去，这其中就包括与竞争对手的合作。

我在此作出一个假设：假如我们不与摩根先生合作，而是在生意场上互相拼杀，我们一定会落个两败俱伤的下场，到那时候，我们的另一个竞争对手——卡内基先生就会渔翁得利，作为钢铁行业的一枝独秀继续存在下去。但是现在，卡内基先生一定十分懊恼。试想，只要是一个活着的人，谁会在对手蚕食自己领地的时候还能在那里若无其事呢？

🔊 **合作的力量**

只要与人竞争，就要付出代价。但是合作则不然。合作可以让我们变对手为伙伴，实现共赢。一个人在一板一眼地低头奋战，另一个人则采取了走捷径的方式——与人合作，你想，他们谁更容易成功？

合作可以壮大我们的力量，把对手压制出局，从而扫除我们前进的障碍，也就是说，合作不一定是为了追求胜利。遗憾的是，了解其中奥妙的人太少了。

需要说明的，合作与友情、爱情和婚姻不同，合作不是为了捕获情感，而是为了捞取利益和好处。我们应该清楚，在我们和我们迈向理想的道路上，有一道鸿沟，要想成功跨越，必须借助他人的支持，依靠与他人的合作，这是我们成功的基础。

当然，我从来不反对与生意伙伴建立友情，我相信，建立在生意上的友情，比建立在友情上的生意，更加牢不可破。就拿我和亨利·弗拉格勒先生之间的合作来说，亨利和我心心相印，是我事业上最好的助手，我们之间的联合，不只让我得到金钱上的投资，同时还得到更多智慧和心灵上的支持。亨利和我一样，谦虚但有着远大的抱负，梦想有一天可以雄霸石油界。至今我还记得我们刚开始合作时的情景，当时除了吃饭睡觉，我们几乎无时无刻不在一起，我们一起上下班，一起思考问题，一起制订计划，我们互相勉励。那段时间，我们就像蜜月里的夫妻，给我留下的，永远是美妙的回忆。

几十年过去了，我们亲密如旧，这份感情弥足珍贵，即便有人给我出再高的价钱我都不卖。也正因此，我一直让你管他叫亨利叔叔，而不能叫他亨利先生。

我从来不去衡量友谊的价格，因为我清楚地知道，友谊不是用金钱所能换来的，友谊的获得必须以真情为代价。我和亨利之所以能够愉快合作并收获永远的友谊，不仅因为我们有共同利益追求，更重要的是，我们彼此都很清楚，想让别人怎样待你，你就必须怎样待人。我们言行一致，严于律己。

🔊 **友谊无价**

　　真正的友谊，无论你处于怎样的不幸，无论你的事业多么艰难，朋友都不会袖手旁观，他会始终站在你身边，给你力量，为你出谋划策。这种友谊，即便是金山也换不来。

"己所不欲，勿施于人。"不仅是我的行事准则，也是我在合作中始终保持的态度。所以，面对处于弱势的对手时，我从不以势压人，我宁可与他们倾心而谈，也绝不盛气凌人地去压服他们，否则，我们的合作会因此中断，目标将永远停留在半路。

当然，对于骄横无礼的人，我也从不畏惧，还会设法羞辱他一番，比如，我就曾教训过范德比尔特先生——纽约中央铁路公司的老板。

范德比尔特出身名门，在南北战争中立过战功，享有将军头衔，他始终把这种荣誉作为自己高高在上的资本，并因为自己手握运输大权，从来不把我放在眼里。

有一次，亨利去和他谈运输的事情，这个傲慢无礼的家伙竟然说："小伙子，你想和我谈？你的军阶似乎还不够！"亨利何曾受过这样的羞辱，但良好的修养让他克制住了，可是，他一回到办公室，就把自己漂亮笔筒摔了个粉碎。

我赶紧安慰他："亨利，跟这种人生气不值得，就当这只狗放了个屁吧。我一定设法为你讨回尊严！"后来有一次，范德比尔特急于要和我们谈成一笔生意，请我们去他那里，我派人传话给他："谈可以，但你必须到我们办公室来！"结果，这位习惯了高高在上的将军，不得不屈尊来见我们——两个比他小40多岁的年轻人，同时，还不得不屈从我们提出的条件。我相信在那一刻，范德比尔特一定深刻理解了这句话：朝上走的时候对别人好点，因为你在下坡时会遇到他们。

🔊 **合作中拒绝骄横**

俗话说，诚意是金。要想达成合作，双方必须付出诚意，任何一方的骄横跋扈和盛气凌人都不利于合作的实现。试想，你那么不把人放在眼里，谁还会心甘情愿地与你合作？

我讨厌颐指气使的人，因为我清楚地知道，耐心、随和地对待员工和同事，才更利于我们目标的达成。金钱可以买到人才，却买不到人心，如果你在付钱的同时再表达一下自己的尊重，他们就会死心塌地地为你卖命，这就是我为什么能建立起高效管理队伍的原因。

但你可别因此而误解了，认为合作就是讨好人。大错特错！合作不是要讨好人，而是为了获得更大的利益。天下没有不散的宴席，合作也只是我们暂时用来获利的一种战术，随着情况的发展，战术也要随之做出变化，否则，你就会被淘汰出局。现实很残酷，你必须更残酷。当然，我们也要做个好人。

合作不是讨好人

合作是为了避免竞争给我们带来的恶果，同时获取更大的利益。在这个过程中，我们有时会为了大局、为了达到最终的目的而做出一些低姿态，但是，这绝不是在讨好人。

我亲爱的儿子，人生来就是要竞争的，输了就会被淘汰，但它也会因此激起我们的斗志。当与别人发生冲突的时候，适当的合作可以化解冲突，否则，它就会给我们带来严重的破坏，甚至是毁灭性的打击。

爱你的父亲

 智慧启迪

你和同桌在学习上各有优势，他的数学成绩好，你的英语成绩好，可是，你们的总体成绩都不佳，属于中等的学生，既不是老师关注的优等生，也不是让老师头疼的差生。你们是否对此很苦恼？听了洛克菲勒老师的课，你是否若有所思？对！你们完全可以采取合作的方式，你帮他补习英语，他帮你补习数学，实现共同进步不比你们单独奋战更好吗？

16 用实力将对手化为纸老虎：
如何在交往中掌控绝对优势

> 小约翰的心声：爸爸，摩根先生为了登上钢铁行业的霸主地位，打算吞并我们的联合矿业公司，我觉得可以考虑。但他却给我们开出了那么低的价格，简直是把我们的企业当垃圾嘛！这份盛气凌人的屈辱我无法忍受，当面就拒绝了他。亲爱的爸爸，也许摩根先生还会再找您，您可得小心点呀！

亲爱的约翰：

今天晚上，我和亨利·弗里克先生见了一面，他是我和摩根先生之间的调解人。我对他说："我和我儿子的意见一致，卖不卖联合矿业公司我无所谓。但你说得没错，我也赞同建立有价值的企业，但盛气凌人的买主妄图将不公平的价格强加给我们，我坚决不同意，我宁可跟他拼个你死我活，也坚决不同意！请您告诉摩根先生，他妄想！"

儿子，尽管你很讨厌摩根那家伙，但看现在的情况，你还得继续跟他周旋。在此我给你一些建议，让那个不知天高地厚的家伙尝尝，我行我素会有什么后果。

许多人都犯了一个错误，就是他们忘了自己是干什么的。其实，不管你身处哪一个行业，石油、地产、钢铁，也不管你身份高低，老板、员工，都离不开与人打交道。谈判更是如此，因为你要面对的不是一桩生意，而是人。

🔊 跟人打交道的技巧

不管我们的目标是什么，我们都必须在与人打交道中获取，所以，我们必须时刻牢记，自己要面对的不是某一件东西，而是人。为了创造更有利于自己局面，我们在跟人打交道之前就要精心准备。因为，知己知彼，百战不殆。

所以，要想取胜，必须做到知己知彼，方能百战不殆。前期准备很重要。假如你处于绝对的优势，你还应该知道：

第一，把握整体环境：是否有市场？是否景气？

第二，自己手中资源：你具有哪些优势和弱势？拥有哪些资本？

第三，对手手中资源：对手的资产是否雄厚？对手有哪些优势和弱势？了解对手的优势，是竞争中谋划大策略必不可少的因素之一。

第四，自己的目标和心态：太阳神阿波罗奉行的一句名言是："人贵有自知之明。"你应该清楚你在干什么？你的目标是什么？是否有坚强的决心？相信自己还是怀疑自己？心态上有哪些优点和缺点？

我亲爱的儿子，爸爸要告诉你一句话：越坚信自己行，你就会越聪明，积极的心态可以为我们创造成功。

第五，对手的目标和心态：对手的目标是什么？对手是怎么想的？设法了解对手的心理，弄清他的想法，这一点很重要。

但是，要预测和了解对手却不是一件容易的事，尽管如此，我们还是要努力去做。许多大军事家们都习惯研究敌人的性格和习惯，进而判断敌人可能采取的行动。在生意场上也是如此，对竞争者的了解可以让我们很好地预测对方的动向。主动采取措施总比被动应战效果要好得多，所谓的"预防胜于治疗"就是这个道理。

🔊 了解对手的好处

你看上了一件东西，虽然对方要价很高，但你通过他的言行举止发现，他急于要把东西出手。如果你善于利用他的这一心理，你就可以以很低的价格把东西买下来。这就是了解对手的好处。

很多时候，竞争对手就是你的熟人，那你可要好好地利用这个优势了。假如他是一个做事谨慎的人，那你可要小心了；假如他是一个容易冲动的人，你就必须采取先声夺人的方式，否则你会被他逼入绝境。

但也不一定非要跟对手熟识才能了解他们。只要你心思缜密，善于观察，在谈判桌上也照样可以找到有价值的东西。善于谈判的好手总是能洞察一切，你在他面前一出现，他就已经开始了解你了。

我们的一言一行都会暴露自己的心理，我们的每一个选择也都会泄露自己的秘密——内心的想法，从我们第一次选择时，就已经开始泄露了。在谈时，你必须时刻清楚自己在说什么，假如你想要掌控一切，就必须先掌控自己的嘴，让自己说的每一句话都能给自己带来好处。

同时，你还要时刻保持警惕，接收对手发出的每一个信息。如果能做到这一点，你就可以一直保持绝对的优势；如果做不到，你就会丧失到手的机会。而这次谈判的失败，又会为你下次谈判失败埋下伏笔。

做交易的秘诀在于，你要知道什么可以交易，什么不能交易。摩根先生要像清理垃圾一样把我们清理出去，但我们偏要留在地板上。这点绝不让步，而且，他还必须给我们一个好价钱。但你也要知道做生意的原则，不要妄想把钱赚得一干二净，给别人也留一点。

🔊 别把事情做绝

我们做任何事都要把眼光放长远，着眼于可持续发展。假如你为了眼前小利而把利益全部攫取，即便你可以一时得逞，但当别人发现跟你交往不会得到任何好处时，人家还会继续跟你交往吗？

我亲爱的儿子，你应该知道，我们打算做这笔生意，是因为我们可以从中获利，但是，你可别因此而改变了自己的观念。

许多自作聪明的人都梦想自己能捡个大便宜，想用最低的价格买到自己想要的东西。摩根先生就是这样，他想用低于实际价值一百万元的价格来购买我们的东西，假如他执意如此，他必定会失掉这次可以让他登上美国钢铁业霸主地位的机会。交易的真谛是价值交换，给予别人想要的，换回自己想要的。

要想交易成功，最好是强调东西的价值。但许多人却一直在强调价格，他们经常说："这价格真便宜啊！"这种观念是错误的。是的，谁都想用最低的价格购买最高的价值。

儿子，在和摩根的谈判时，当涉及金钱时，你绝对不能先提价格，你要不断地强调东西的宝贵价值，告诉他，他可以从你这里买到什么。

交易的真谛

没有价值的东西只配放到垃圾堆里，是没人愿意要的。所以我们在交易过程中，要着眼于东西的价值，而不是价格。那些妄图以很小的价值换取别人最大价值的人，只是在自作聪明，是很难得逞的。

爸爸相信，我们的努力可以改变世界，让世界变得更美好！相信你一定可以成功！

爱你的父亲

智慧启迪

没有人喜欢别人盛气凌人的"商量"和谈判。其实，要想在这种谈判中取胜也不是什么难事，关键是要掌握一个技巧：知己知彼，百战不殆。意思就是说，要了解自己，了解对手，在对手出牌之前就知道他要出什么，如果能做到这一点，还有不取胜的道理吗？你已经掌握了绝对的优势，在这种情况下，再骄横霸道、再盛气凌人的对手，也会瞬间化为纸老虎，变得不堪一击。

17 拒绝与两种人交往：
别让小人阻碍了你前进的步伐

 小约翰的心声：爸爸，最近我突然发现一个问题：以前我每次经历失败后，很快就能从失败的阴影中走出来。可是最近，偶尔的一次失败，就让我变得缩手缩脚起来。这可不是我一贯的风格啊。以前，这样的失败我根本就不当回事，我现在这是怎么了？亲爱的爸爸，您帮我分析一下，这是怎么回事？

亲爱的约翰：

不知道你注意到没有，自从你与那些朋友交往以来，你的某些思想和观念正在悄悄发生变化。我不反对你扩大自己的交际范围，这会扩大你的生活范围，让你的生活更加丰富多彩，甚至可以帮你找到自己的终身伴侣，实现自己的人生理想。但有些人，你最好断绝与他们的交往，比如那些汲汲于小恩小惠的人，那些整日投身于琐碎小事的人。

我从年轻时起，就拒绝与这两种人交往：

第一种人是安于现状、不求进取的人。在他们看来，成就的创造需要有足够的条件，而自己条件不足，无从发展，所以宁肯一辈子守着一个平凡但却有保障的职位，年复一年地重复着浑浑噩噩的日子。他们知道，自己要想成长，要想有所发展，必须得有一份更具有挑战性的工作，但因为重重阻力，他们深信自己做不到。

聪明的人绝不会戚戚于自己的命运。这种人只知道哀叹自己命运不济，永远不知道欣赏自己，永远看不到自己的分量和价值，所以就失去了自我激励和全力以赴的动力，消极的思想占据了他们的全部内心。

第二种人是喜欢半途而废的人。他们也曾经有远大的抱负，也曾经制订了计划，做了大量的准备工作。但是，十几年或者几十年之后，阻力越来越大，他们渐渐对自己失去了信心，觉得为一个目标付出这么多艰苦努力实在不值得，所以开始放弃，变得自暴自弃。

🔊 远离思想的毒素

> 消极的心态是一种思想病毒，在这种病毒的作用下，我们丧失了积极进取的决心，甚至在追求成功的途中开始患得患失，变得容易知足起来，从而停止了前进的步伐。跟思想消极的人做朋友，只会让他们成为我们成功路上的绊脚石，对此一定要注意。

他们甚至还自我安慰："和一般人相比，我已经赚得了足够多的金钱，我的生活也比他们好多了，该知足了，也没必要再冒险了！"其实是一种恐惧感让他们失去了前进的动力，他们害怕失败，害怕失去已经到手的东西，害怕大家对自己不认同。他们其实并未满足，但却已经投降。这些人许多都很有才能，但却因为不敢继续冒险，所以只能平平淡淡地度过自己的余生。

这两种人有一个共同的思想毒素，并且极易传染给他人，这就是消极思想。

在我看来，一个人的性格与抱负、身份与地位，和他交往的对象有关。经常与悲观的人交往，他也会变得悲观；经常与小人交往，他也会变得卑微。可是，如果经常与高尚者交往，他的思想也变得崇高；经常与雄心勃勃的成功者交往，他也会变得野心勃勃。

我喜欢和那些永不服输的人做朋友。有位智者说过："我要和令人厌恶的逆境开战，因为那是我通往成功的必经之路。"可惜，这种人太少了。

这种人永远不会有悲观的心理，也永远不会向各种阻力投降，更不相信自己这辈子会一直平平淡淡。他们一心只想获得成就，完成自己的心愿，所以这种人都很乐观。他们很容易成为各个领域的佼佼者。他们真正理解了生命的可贵与价值，所以能真正地享受人生。他们期待每一个崭新的开始，期待每一次与人的最新接触，在他们看来，这是丰富人生阅历的好途径。

📢 和永不服输的人交朋友

和永不服输的人交朋友，当我们遇到困难或身处逆境时，他们给予我们的，永远是鼓励与支持。而且，他们对待事物的积极态度，也会传染给我们。有这种人在身边，怎么可能会一事无成？怎么可能会实现不了自己的愿望？

我相信，每个人都希望如此。因为只有这样的人才是做实事的人，才能实现成功，得到自己的期盼结果。

不幸的是，许多人都被围困在消极的城堡内，消极者随处可见。

我身边有各种各样的人，他们有的思想守旧，有的则锐意进取。我曾经的同事，有的得过且过，有的则雄心勃勃，想成就一番事业。他们知道，在事业有成之前，必须先做一名好员工。

在我们的成功之路上，会遭遇各种各样的圈套和陷阱。我们随时都会遇到明知自己无能却偏要阻挡别人脚步的人，许多奋发图强的人都曾遭到一些人的嘲笑甚至威胁。还有一些人出于嫉妒心理，看你努力上进，表现优异，就想方设法来捉弄你，叫你当众丢丑。

我们无法阻止别人的消极，却可以远离那些消极者的影响，避免自己思想堕落。别理会他们，让他们像鸭子背后的水一样，自然滑过吧！我们要做的，就是时刻紧随思想积极者的脚步，和他们一起成长，一起进步。

📢 远离消极者

和心态消极的人交朋友，当我们遇到无法解决的困难时，他们给予我们的建议，永远是消极的；当我们正要认真地去处理一项艰巨的任务时，他们给予我们的不是鼓励，而是消极的暗示；更有甚者，当我们全力以赴地去争取成功时，他们却在千方百计地阻挠。这种人，还是远离的好。

你一定可以做到这一点，因为你并不傻，而且你最好是这么做。

有些人的思想消极，但心肠好。有些人思想消极，却心肠恶毒，他们不仅自己不求上进，还要设法阻挠别人前进，他们不仅自己毫无成就，也想别人一事无成。我亲爱的儿子，请你记住，那些说你做不到的人，都是自己不能成功的人，或者顶多有点普普通通的成就。所以，这种人的意见对你有百害而无一利。

对那些说你做不到的人，你一定要严加防范，他们的警告只能作为你证明自己的挑战。许多消极者专门喜欢阻挠别人的进步，破坏别人的成就，这种人随处可见，你更要严加防范。一定要当心，千万别让这些思想消极、小肚鸡肠的人妨碍了你前进的脚步，破坏了你成功的计划。那些喜欢看热闹的人专等你摔跤呢，千万别给他们幸灾乐祸的机会。

当你遇到困难时，最明智的做法就是去找成功者帮忙。假如你向失败者请教，和让一个庸医帮你治疗绝症一样可笑。喜欢搬弄是非的人一辈子都不会有出息，千万别让这些人影响了你的前途。

🔊 让环境助你成功

虽然事情最终成功与否关键在于自己，但周围环境的暗示和影响也不可忽略。和优秀者交朋友，你也会不甘落后；和平庸者交朋友，你会变得安于现状，不求进取，或者满足于浅尝辄止的成功。所以，为了最终的成功，还是选择优秀的环境吧！

一定要关注自己的环境。身体健康需要食物的保障，心理健康也需要精神的滋润。要设法让环境为你的工作服务，而不至于羁绊了你的双脚。避免那些喜欢拖人后腿的人，让自己变得无精打采。让环境助你成功的诀窍是多和积极的成功人士交往，远离消极的失败者。

努力把每一件事都做到尽善尽美，不要因小失大，因为这种额外的负担你承受不起。

爱你的父亲

你最近因为表现优秀，经常受到老师夸奖，这本来是件让人高兴的事，可你却怎么也高兴不起来。因为你最近发现，你一直的好朋友跟你说话时开始变得尖刻起来，你甚至有一次还不经意间听到他跟别的同学说，你喜欢跟老师拍马屁。于是，你开始怀疑自己积极表现是不是错了？你的做法没有错，错误的是，你交了错误的朋友。你取得了进步，得到了老师的夸奖，如果他不能真心地替你感到高兴，那他就不配做你的朋友。这种小人，你最好还是远离。

18 蒙羞也不一定是坏事：
把侮辱化为衡量自己能力的标尺

> 小约翰的心声：爸爸，今天在我和摩根先生谈判时，他的表现很是粗鲁，虽然我不知道他为什么这样，但我知道，他这是存心要侮辱我。我几次要发作，但理智帮助了我，让我克制下来。我沉着应对，不仅没有叫他得逞，还把他给彻底征服了。最后的胜利，让我获得一些心理平衡。我想，如果这次谈判失败，即便我不会当着他的面失态，但事后肯定会发泄一番。亲爱的爸爸，您说，为什么总有人想去羞辱别人呢？大家和平相处不是很好吗？

亲爱的约翰：

你和摩根先生谈判时优异的表现，让我和你妈妈感到欣喜。没想到，你在跟华尔街那个盛气凌人的最大钱袋子对抗时，竟然有这份勇气。你沉着应对，言辞得体并不失教养，彻底将他征服了。儿子，你真是太棒了！

你在来信中对我说，摩根先生对你粗暴无礼，是存心要侮辱你，你说得没错。事实上，他是在报复我，只是把你当成了我的替罪羊。

你知道的，每当摩根先生担心我会威胁到他的利益时，他就提出与我合作。我心里很清楚，他并不是真的想跟我合作，因为他知道，我们根本就不是一条道上的人，我们彼此谁都不喜欢谁。我不喜欢见他，他的不可一世和骄横无礼，只能让我感到恶心。我相信，我也有叫他不舒服的地方。

但摩根先生很聪明，他不愧是商业奇才。他知道我从不惧怕他的挑战，也不惧怕他的威胁，所以，为了实现他独霸美国钢铁行业的野心，必须跟我合作，否则，他将面对的就是一场你死我活的竞争。

聪明的人虽然也存在傲慢和偏见，但他绝不允许个人偏见妨碍了自己的成功。摩根就是这样的人。所以，不管他多么讨厌我，他还是问我，愿不愿意在我的办公室跟他见个面。

🔊 **别让傲慢和偏见妨碍了你**

　　每个人都有自己的优势，但是傲慢和偏见却会蒙蔽我们的双眼，让我们只能看到对方的缺点，从而不愿意跟人合作。但是聪明的人不会，他知道自己想要什么，所以在跟人打交道时，他会摒弃自己的傲慢和偏见，从而能够不断取得成功。

要想捞到更多的好处，必须能在谈判中坚持到最后。我对摩根说："我已经退休了，如果你不介意，我很高兴在家里跟你见个面。"尽管这样做有些屈尊，但他还是来了。但让他没想到的是，在他向我提及某个问题时，我竟然对他说："对不起摩根先生，我退休了，不过我儿子约翰应该会很高兴跟你谈这笔生意。"

傻瓜也能看出来，我这是公然蔑视摩根，但他还是克制住了，他对我说，希望你能去他的华尔街办公室，我答应了。

报复他人，就是攻击自己。但摩根先生似乎不懂这个道理。他为了泄愤，结果却让你给征服了。尽管摩根先生对我公然蔑视他耿耿于怀，却从来没忘记自己的目标，这点我还是很欣赏。

亲爱的儿子，我们每个人都在追求自己的尊严，我也知道对于一个热爱尊严的人，被别人羞辱时是什么滋味。但很多时候，不管你处于什么地位，即便你是美国总统，也无法阻止别人对你的羞辱。

📢 报复他人，就是攻击自己

别人不会平白无故就去羞辱你，肯定是你哪里做得不够好，所以，当别人羞辱你时，别总想着报复人，因为，你可能会因此而招来更大的羞辱。须知，对他人的报复，就是对自己的攻击。

可是，如果我们遇到这种情况怎么办呢？是恼羞成怒地回击，捍卫自己的尊严？还是以德报怨？或者采取其他方式回应？

不知道你是否还记得我一直珍藏着的那张中学合影？在那张合影里，根本就找不出我的影子，有的只是一些富家子弟。几十年来，我一直珍藏着它，而那天拍摄照片时的情景也一直深深地印在我的脑海。

那天下午天气很好，老师对我们说，有一位摄影师要来拍摄我们上课时的情景。我很少照相，因为对于一个出身贫寒的孩子来说，照相是一件奢侈的事情。我一看到摄影师，立刻就想象出自己在照片上的样子：自然大方，微笑，帅气。我甚至还想象出自己跑回家，兴奋地给妈妈报告喜讯时的样子："妈妈，我照相了！摄影师给我们照相了，真是太好了！"

摄影师正猫着腰在那儿取景，我兴奋地注视着镜头，希望他早点把我的样子照下来。但结果却让我很失望。这个摄影师的眼里容不得一点瑕疵，他站起身，用手指着我对老师说："那个学生穿得太寒酸了，你叫他离开座位一下。"我是那么的弱小，不得不听从老师的命令，默默地离开座位，以免玷污了那些穿戴整齐的富家子弟们制造的美景。

但是，在那一瞬间，我的脸却发烫得厉害。我没有发作，没有自怨自艾，也没有抱怨自己的爸爸妈妈，因为我知道，他们为了让我接受到良好的教育已经尽力了。望着摄影师镜头里的场景，我在心里暗暗发誓：总有一天，我要成为世界上最富有的人！让摄影师给我照相算什么？我要让全世界最有名的画家给我画像！

我亲爱的儿子，爸爸当时的誓言如今已经变成了现实。在我这里，侮辱已经不再是剥夺我尊严的利剑，而是变成了一股强大的动力，以排山倒海般的气势催我奋进，激励我去追求一切美好的事物。从某种意义上说，是那位摄影师把一个穷小子激励成了世界上最富有的人。

当有人给我们送来掌声或喝彩的时候，那是他们在肯定我们的成就，或者在肯定我们的品格和道德。而当我们遭到侮辱或攻击时，如果不考虑对方的恶意，那么就是我们的能力不够强，或者是做人，或者是做事，总之，我们的表现造成了别人对我们的不尊重。所以，如果冷静反思一下就会发现，蒙羞也不一定是坏事，我们恰恰可以将其作为测量自己能力的标尺，我就是这样做的。

🔊 侮辱是衡量一个人能力的标尺

别人羞辱你，说明你做得还不够好。所以，当别人侮辱你时，不要恼怒，泰然处之，把别人的羞辱当作催你奋进的动力，相信总有一天，你会用自己的行动给他一记响亮的耳光。

我知道，再轻微的侮辱也会伤及人的尊严。但是，尊严不是天生的，也不是别人可以给予的，而是自己创造的。尊严只属于自己，是供我们享用的精神产品，你觉得自己有尊严，你就有尊严。所以，当有人侮辱你时，你最好泰然处之，因为，你不死守自己的尊严，就没人能伤害到你。

我亲爱的儿子，自己对自己的态度是所有关系的开始，如果你相信自己，并能与自己和谐相处，你找到了你最忠诚的伴侣。只有这样，你才能做到宠辱不惊。

爱你的父亲

智慧启迪

还在因为昨天同学的羞辱而生气吗？你恼羞成怒地发作了，可结果如何？你却遭到了更大的羞辱！在这次考试中，你本来就没有考好，这是不争的事实。明智的做法是，泰然处之，不予理会，用你的态度向他表明：你的教养和他根本就不在一个层次上。此外，既然人家因为你的考试成绩而羞辱你，说明你的能力还不够，最强有力的回答是：努力学习，用自己的成绩来堵住他的嘴！

每一场至关重要的竞争都可能将我们的命运改写，"后退就意味着投降！后退就会沦为奴隶！"既然竞争无法避免，那就让它来得更猛烈些吧！而在这个世界上，无时无刻不在竞争，不允许我们停下来休息。所以，我们要打起十二分的精神，带上钢铁般的决心，去迎接一场又一场纷至沓来的挑战与竞争，并学会享受其中的乐趣，否则，我们的下场就会很惨。

——洛克菲勒

第四章

做好接受挑战和竞争的准备

19 不做地狱里的好人：
勇于接受挑战才有享受成功的资格

> 小约翰的心声：爸爸，我知道生意场上的竞争是残酷的，每次我把对手打败后也能体会到胜利的喜悦。可是这次，我却听到一个不好的消息，被我打败的对手自杀了！我在感到震惊的同时，不禁心想："假如我放弃这次竞争，对我的事业不会造成根本性的影响，但对人家来说，却意味着继续生存下去的希望。"今天我又得到一个消息，又有人向我发起了挑战，有了上一次的事情，我不知道自己还要不要接受对方的挑战，我会不会再次亲手酿造一个悲剧？亲爱的爸爸，我该怎么办啊？

亲爱的约翰：

在我今天去高尔夫球场的路上，我遇到一个年轻小伙的挑战，他开着一辆时髦的雪弗兰骄傲地从我身边擦肩而过，好久没有受到这种挑战了。我的好胜心一下子就上来了，很快，我就留给了他一个车屁股。这件事让我很兴奋，我在商场上战胜对手时的兴奋劲也不过如此。

儿子，我天生争强好胜，所以我从不在乎那些说我贪得无厌的人，事实上，他们是错的，因为我喜欢的并不是金钱，而是赚取金钱的过程，取得胜利时的美妙感觉。

当然，我有时候也会对失败者生出怜悯之心，但是，经商本身就是一场残酷的竞争，每个人都在努力迫使别人出局，所以，必须设法战胜对手，才能保住自己。竞争就是这样。

毫无疑问，自己的成功或多或少都会以别人的牺牲为代价。可是，如果你想追求成功，想赢得胜利，必须克服你的怜悯心，不能为了充当好人而出卖自己的实力，也不能取消或延后让对手出局。你要知道，地狱里也有很多好人，失败的痛苦也是商战的一部分，我们都在设法扼杀对手，没有奋战到底的决心，就只能充当失败者。

◀)) 不做地狱里的好人

在商场上，竞争是残酷的，怜悯之心只会葬送自己的胜利。你要知道，要想取得胜利，或多或少都会牺牲别人，如果不克服你的怜悯心，说不定你明天就会成为地狱里的好人。

说实话，我也不喜欢竞争，但我仍然努力竞争。每当我的对手很强势时，我争强好胜的心就开始燃烧了，当它渐渐冷却时，我总会收获成功和欢乐。和波茨先生的竞争，就曾让我收获这种快感。

当时，我出于好心却酿成了一个大错误。19世纪70年代时，石油全部集中在宾州西北部一个小范围内，我知道，如果我能在那里架起一道输油管道网，将所有油井连在一起，我只需要一个小小的阀门，就可以控制整个油区的采油量，从而成为这一行业的霸主。可是我不愿意这么做，因为这会引起我的合作伙伴——铁路公司的恐慌，考虑到他们曾经帮助过我，我不忍心损害他们的利益，所以我的计划一直被搁置。

但是，宾州铁路公司——那个曾经要弄过我最后又与我讲和的公司，却雄心勃勃，他们想要取代我的位置，将整个炼油业纳于自己麾下。他们先是吞并了油区两条最大的输油管道，将其纳入自己的铁路网，打算以此卡住我们的脖颈。宾州铁路子公司帝国运输公司的总裁波茨先生接受了这一任务。

坐视不理，就等于放任对手扩张实力，这等于是在削弱自己的力量，等于在将自己的地位拱手相让，我才没那么傻！我的一贯做法是，在对手达到目的前就率先行动。我迅速提拔起精明能干的奥戴先生，委托他组建起美国运输公司，和帝国公司展开了一场自卫反击战。我们的努力很快就有了回报，不到一年，整个油区百分之四十以上的运输业务就被我们控制住了，波茨先生的进攻被压了回去，但这只是我们较量的开始。

🔊 竞争不允许对手壮大

在竞争过程中，如果你和对手的实力相当，此时，对手实力的壮大，无形中就拉大了你们之间的差距。你如果足够聪明，就立即行动，在对手继续行动之前就率先采取措施，因为，坐视不理，就是在削弱自己的实力。

要想出人头地，就要去寻找自己的理想环境，如果无法实现，就要设法创造出来。

两年后，有人在宾州布拉德福德发现一座新油田。得到这个消息，奥戴先生立即带人赶了过去。在这个激起千万人发财梦想的地方，他们不分昼夜地忙碌着，把输油管道一根根铺向新的油井。但那帮采油商更疯狂，他们恨不得一天就把油全部采完，然后带着钞票高高兴兴地离开。所以，尽管奥戴先生已经很努力了，仍然无法满足运输和储存石油的需要。

我不忍心看着这些采油商们辛辛苦苦地自掘坟墓，我让奥戴先生警告他们，他们的开采能力已经大大超出了我们的运输能力，必须缩减采油量，否则，他们辛苦开采出来的石油就会变成一文不值的黑泥。但是，我好心的忠告却没有一个人听得进去，没有人能理解我的努力，他们甚至还来威胁我们，必须运走他们的石油！

就在采油商们情绪激动的时候，波茨先生下手了。他先是在纽约、费城、匹兹堡等炼油基地大肆收购我们竞争对手的炼油厂，以此来向我们示威；然后又进军布拉德福德，在那里抢占地盘，铺设输油管道，打算将布拉德福德的原油运回他们的炼油厂。

波茨先生的胆量实在让人钦佩，我很愿意接受他的挑战，尽管这种挑战是想动摇我在炼油业的统治地位，我一定要把他赶出炼油业！

🔊 勇于接受挑战

当别人向我们发起挑战时，不要退缩，不要犹豫，勇敢地迎战吧！这个过程虽然充满惊涛骇浪，却可以让我们体会到无限的刺激。而且，当我们获得胜利时，那种成功的美妙感觉也会让你惊喜万分，尤其自己曾经的对手是那么强大时，我们更会有这种感觉。

我去找宾州铁路公司的大老板斯科特先生，开门见山地跟他说，波茨先生是个强盗，他正闯入我的领地，请你立即制止他！但斯科特先生固执得很，他要放任波茨的强盗行为。无奈，我只好迎击这个强大的敌人。

首先，我终止了与宾州铁路公司的一切业务往来，将运输业务转给了我们的另外两个合作伙伴，并怂恿他们降低价格，和宾州铁路公司竞争。同时，我又下令关闭匹兹堡的所有炼油厂，因为这些炼油厂完全依赖帝国公司的运输。接着，我又下令所有与帝国公司竞争的炼油厂，以低于对方很低的价格出售成品油。在我强大的压力和打击下，这个全美最大的公司，不得不举手投降。

为了与我竞争，他们不得不以非常低的折扣出售石油，这就相当于，他们在为别人服务的同时，还要给人家支付工钱。接着，他们又开始裁减员工，降低工资，这不得人心的招数，很快就让他们尝到了恶果。愤怒的工人为了泄愤，竟然放火烧毁了几百辆油罐车和一百多辆机车，他们被迫向银行紧急贷款。那一年，宾州铁路公司的股东们，不仅没有分到红利，而且股票价格跌到了最低。与我决斗的结果是，他们口袋里的钱越来越少。

在硝烟弥漫的战场上拼出上校军衔的波茨先生，有着百折不挠的毅力，这一点很让人钦佩。明明胜负已经明了，他却还要继续作战！但同样是军人出身的斯科特先生，尽管他之前野心勃勃，统治欲非常强，但他知道识时务者为俊杰，在这种情况下，他果断地低下了他骄傲的头颅，派人来跟我讲和。

我知道，波茨先生其实并没有服输，他想证明自己的摩西精神，可事实却证明，他失败了，而且是彻底失败了。几年后，波茨先生不再与我为敌，这个精明狡猾的油商，开始积极为我服务，成了我们公司的一个董事。

傲慢会把人拉下台。斯科特和波茨等人觉得自己出身高贵，就可以不把别人放在眼里，所以，能够驯服这些犟驴，让我感到异常兴奋。

亲爱的儿子，我喜欢胜利，但我不喜欢为胜利而不择手段。不择手段获取的胜利不是真正的胜利，卑鄙的竞争只会让人厌恶，那等于是在作茧自缚，可能一辈子也别想冲破，即便偶尔可以取得一次胜利，他也会失去日后更多的胜利机会。

🔊 **正当地竞争**

我们提倡竞争，我们追求胜利，却反对为了取胜而不择手段。采取正当的手段去竞争，即便对方输了，他也会心甘情愿地服输。就像洛克菲勒一样，他在打败波茨的同时，也驯服了他的心，最终让其为自己所用。

但是，循规蹈矩的竞争并不代表胜利与否不重要，而是要用一种正当的、合乎道德的方式去赢得真正的胜利。也就是说，要在这个前提下，全力以赴地、公平地去追求胜利。亲爱的儿子，我希望你也能这样做。

爱你的父亲

 **智慧启迪**

学校规定，在这次考试中，取得年级第一名的人，可以免试推荐上清华大学。清华大学，可是你一直以来的梦想啊！同桌的家庭条件不好，学习却异常刻苦，他的实力和你相当，同时，他也对这所大学

充满了无限向往。你会因为你们关系好而放弃这次竞争机会吗？肯定不会。因为，每一次竞争就是你走向成功的机会，放弃竞争，就代表放弃成功，真正的竞争不需要怜悯心。

20 "运气"是自信和大胆的奖赏：幸运之神眷顾勇者

> 小约翰的心声：亲爱的爸爸，您总是不相信运气可以天赐，但在我们周围，有些人的确运气很好，他们似乎做什么都很顺利。就像姐姐塞迪，这段时间也不知是怎么了，她手里的股票竟然疯了一般开始上涨，我想，一定是姐姐交了好运。您跟我说自信可以创造成功，可姐姐似乎就不是很自信啊，她做事总是有些畏首畏尾，但现在，金钱却像下雪一样砸在她的口袋里。爸爸，您之前是不是错了？

亲爱的约翰：

你姐姐塞迪现在一定乐疯了，她前几天跟我说，她手里的股票正像听话的仆人，帮她把大把大把的钞票拿回家。

可是我担心，这些钱会让她乱了方寸，所以我提醒她说，小心你被运气抛到失败的田野。

几乎每一个成功者都知道，人不能靠运气活着，更不能靠运气来建立自己的事业。可是，却有那么多人对运气坚信不疑，我想，他们一定是把机会误解为运气了。运气往往与机会相伴。

儿子，想想你周围的那些幸运者们吧，你会发现，他们没有一个是温文尔雅的人，但却有一个共同特点，就是他们都很自信，不把任何困难放在眼里。这里有一个谁先谁后的问题，幸运者到底是因为运气才变得自信和勇敢，还是自信和勇敢让他们拥有了运气？我认为是后者。

◀)) 运气与机会相伴

　　运气虽然不同于机会，但却常常与机会相伴。当机会来临时，能够抓住机会的人，就能赢得成功，所以在我们看来，这人运气很好。可是那些错失机会的人，则只能原地踏步，甚至变得更加落魄，所以在我们看来，他的运气很差。

　　幸运之神眷顾勇者，是我一向奉行的格言。胜利不是强者的专利，小心谨慎、充满活力、勇往直前的人也可以获得胜利。当然，也有人认为小心谨慎比勇往直前更重要，但勇敢无畏更被人们所关注，更受欢迎，而懦弱则不会。

　　每个人都喜欢充满自信、做事果敢的人，希望由他们来担任领袖，我们都被他们强大的吸引力所吸引。所以，勇敢者更容易取得成功，那些担当领袖、总裁和司令官的人，以及得到迅速升迁的人，无不是这样的人。

　　经验告诉我，做事果敢的人，往往更能得到他人的支持，顺利地完成交易、签订盟约。而那些胆小懦弱、犹豫不决的人则享受不到这种好处。而且，做事勇敢对自己也很有好处，自信的人期望成功，但为了达成自己的期望，必须大胆计划，勇敢的人就能做到这一点。

　　当然，这也不能保证绝对的成功，却可以让我们展望成功。也就是说，如果你觉得自己能成功，你就会做出成功者的行为；如果你有成功者的行为，你就会去做成功者的事，你的运气也会因此改变。

◀)) 幸运之神眷顾勇者

　　做事果敢的人，他所具有的能力、浑身散发的自信，以及在关键时刻所做的正确决策，具有超强的魅力，会引来许多人的支持，他们注定会受到命运之神的眷顾，成为最终的赢家。

　　狂妄自大和鲁莽行事的人，不是真正的勇者。勇敢者应该知道大胆预测，大胆判断，对每一步、每一个决定都计划好，这在无形中就增强了自己的力量，让你拥有一种超级武器，优势立马就显现出来，成功是自然而然的事。说到这里，我突然想起了十几年前，我大胆买下莱玛油区的事。

在那之前，石油界整天都在恐惧，油很快就会枯竭。连我的助手都对此深信不疑，他甚至开始悄悄地卖手里的股票。也有人建议我：公司还是早点退出石油业，去做其他更稳定的生意吧，不然我们这艘巨轮将永远被搁浅。面对人们的悲观，我没有绝望，也没有哀叹，而是告诉那些处于惶恐中的人们，上帝不会将我们遗忘。

感谢上帝，终于有人在俄亥俄州莱玛镇发现了石油。可是让人们失望的是，那里的石油散发着一股难闻的臭味，常规的方法根本就祛除不掉，本来想借此大赚一笔的人们，一下子失去了信心。但我却坚信，一旦我们将莱玛据为己有，我们就拥有了统治整个石油市场的强大力量。在机会面前，我不能放任它悄悄溜走，否则，我和愚蠢的猪没什么两样！所以，在公司的董事会上，我郑重地对大家说："这是一个千载难逢的机会，我们应该把钱投到莱玛去！"

🔊 **别让机会悄悄溜走**

　　机会对每一个人都是公平的，当它出现在我们面前时，犹豫不决的人错失机会，反应敏捷的人则抢占机会。能够抢占机会的人，注定会成为赢家；犹豫不决的人，只能艳羡别人的成功，哀叹自己命运不济。

但遗憾的是，我遭到了那些胆小懦弱者的反对。

我不喜欢强加于人，我耐心地跟大家解释，希望大家能支持我的意见。

可是，我耐心解释了半天，仍然没有结果。对此，我忧心如焚。我们这个具有全球规模的炼油厂，正像一个饥渴的婴儿需要乳汁一样，我们也需要源源不断的原油，可是，宾州油田的产油量却越来越少，其他几个小油田也在不断减产，长此以往，我们只能依赖俄罗斯的原油。可以想象，到时候俄国人一定会利用他们对油田的控制打击我们，直到彻底将我们打败，赶出欧洲市场。但是，如果我们拥有了莱玛的石油资源，我们就会继续保持赢家的地位。不能等待，必须立刻行动！

正如我所预料到的，保守派们仍然反对。但我用自己方式让他们大吃一惊，彻底降服了他们，我对他们说："先生们，要想保证我们这艘巨轮不至于沉下去，必须有源源不断的原油供应。现在，只有莱玛可以挽救我们，那里丰富的原油正向我们招手，它将带给我们的巨额财富会让我们吃惊。既然上帝把这个东西赐给我们，我相信它就一定有价值，所以，请别轻易否定它的市场，科学会帮我们扫除一切疑虑。所以，我打算用自己的钱来投资这个项目，并甘愿承担两年的风险，如果两年后我们成功了，公司再把钱还给我；如果失败了，一切损失由我来承担！"

就在刚才，普拉特先生还是我最大的反对者，但是现在，我的决心和诚意打动了他，他激动地流着眼泪对我说："约翰，我被你彻底征服了。既然你觉得这样可行，那我们就一起干吧！你可以承担风险，我们也可以！"荣辱与共的合作精神，是支持我们不断强大的精神动力。

最终，我们成功了！在对莱玛的投资中，我们倾注了全部力量，也收到了巨额的回报，全美国最大的原油生产基地被我们牢牢地控制在了手里。而莱玛的成功又给我们注入了新的活力，我们又开始了前所未有的大收购。结果正如我们所预想的，我们成了石油领域所向披靡的超级战舰，拥有了绝对的统治地位。

◀)) 运气是自信和大胆的奖赏

看起来洛克菲勒很幸运，可是，如果他当时没有自信和大胆的决策，怎么可能会有后来的成功？如果他听了那些眼光短浅、胆小怕事的董事们的，放弃莱玛油田，也就放弃了后来的成功。

我亲爱的儿子，运气的创造需要态度，而你的选择又孕育着机会。

假如你有一半以上的时间做对了，成功就非你莫属。

这就是我关于运气的深刻体会。

爱你的父亲

 **智慧启迪**

许多人都在羡慕别人的运气好，希望有一天，这份好运也能降临到自己头上。可是，幸运者总是寥寥无几。其实，幸运之神对我们每个人都是平等的，它会同时把一个成功的机会放在我们面前，当然，只要有人抓住了，其他人面前的机会也就消失了，机会总是转瞬即逝。所以，当机会从我们面前溜过时，不要犹豫，不要胆小怕事，大胆地去拥抱它吧！因为，运气是自信和大胆的奖赏，幸运之神只眷顾勇者！

21 后退就意味着投降：让竞争来得更猛烈些吧

小约翰的心声：爸爸，我的公司刚刚站稳脚步，还没来得及喘口气，就有人向我发起了挑战，而且，对手的实力非常强大，我犹豫了。我担心自己能力不足，不足以赢得这场竞争的胜利，如果失败，会让我前功尽弃。我想不予理会，可我内心却有一个声音朝我大喊："懦夫！懦夫！"我不甘心失败，可我的确害怕失败，我甚至想过，我可以采取一些非常的手段，保证这次胜利。等以后自己实力强大了，再光明正大地与人竞争。亲爱的爸爸，我知道我这种想法有些卑鄙，可我该怎么办啊？

亲爱的约翰：

告诉你一个不好的消息，昨天晚上，本森先生去世了。这件事让我很伤心。

本森先生生前曾是我最强劲的敌人，也是为数不多值得我敬重的对手之一，他超群的才华、顽强的意志和优雅的风度，让我至今仍记忆尤深。

我们合作期间，他曾经跟我开玩笑说："洛克菲勒先生，您是一个心狠手辣又无可挑剔的掠夺者，输给那些坏蛋，会让我像遭受抢劫一样难过，可是输给您，因为您公平公正地竞争，不管胜利与否，我都会感到高兴。"

虽然搞不懂他是在恭维我还是在夸奖我，但我还是告诉他："本森先生，如果您能换一个词，把掠夺者改为征服者，我会更高兴。"他笑了。

大敌当前依然英勇奋战的勇士总是叫人敬佩，本森先生就是这样的人。在我们开始竞争前，我刚刚击败了全美国最大的铁路公司——宾州铁路公司，并成功地征服了全美国第四家也是最后一家大型铁路公司——巴尔的摩·俄亥俄铁路公司。就这样，包括我最忠实的盟友——伊利铁路公司和纽约中央铁路公司在内，全美国的四大铁路公司全都在我的掌控之中。

这一连串的胜利，使得标准石油公司的油井和铁路干线连接起来，我取得了对石油输出干线的绝对控制权。

当时，石油行业的每一个角落，包括开采、炼油、运输、销售，处处都有我的势力，采油商、炼油商们的命运全部掌握在了我的手中，让他们腰缠万贯，还是一文不值，全在我一念之间。就在这种情况下，仍然有人敢挑战我的权威，本森先生就是其中之一。

◀)) 敢于挑战权威

和权威竞争，虽然难度很大，但只要你用心去做了，即便最后以失败告终，你所体验过的刺激也值得你铭记一生。更重要的是，在这个过程中，我们可以从对手那里学到很多，这一点会对你一生的发展都大有裨益。

本森先生野心勃勃，他要在布拉德福德油田和威廉斯波特之间铺设一条输油管道，试图将那些快要被我击垮又急切想摆脱我控制的自由炼油商们整合起来，当然，他之所以胆敢闯入我的领地，也是受到了巨大利益的诱惑。

输油管道铺设的速度是惊人的，很快就引起了我的注意。我不得不打起十二分的精神。儿子，竞争中不允许你有任何马虎，必须时刻充满活力，密切注意对手动态，不断采取新的措施，因为，稍不留神你就会全盘皆输。

这家伙在给我找麻烦，我必须让他赶紧住手！一开始我并没有意识到本森先生的难缠，所以先是把沿宾州州界由北向南的一条狭长土地用高价买了下来，想以此来阻止本森的前进，但我很快就失败了，他巧妙地采取了绕道的策略，就轻松地化解了我的招数。我不仅没有捞到任何好处，还成了空头地主，白白便宜了那里的农民。接着，我又去找我的盟友们，绝对不允许本森的输油管道从他们的铁路经过，但本森又采取了绕道的策略，又一次成功突围。我还想借助政府的力量来阻止本森前进的脚步，但还是以失败告终。本森成功了，而我却无可奈何。

🔊 **全力以赴地去竞争**

在与本森的竞争中，洛克菲勒保持了高度的警觉，全力以赴，并始终充满活力。一招不行，他又使一招，即便接连遭遇了一系列失败，眼看对手已经胜利的情况下，他仍然在全力以赴地竞争。最终，他用自己的智慧战胜了对手。

我立刻意识到，我遇到了一个强劲的敌人，但这并没有动摇我竞争的决心。那条输油管道虽然只有110公里，却对我构成了严重的威胁。如果任由原油在那里毫无节制地流淌，本森很快就会打破我炼油业的霸主地位，成为这个行业的新主人，同时，我对布拉德福德油田的控制也会失效。这是我不能容忍的。

当然，我也不想把事做得太绝，我的目的很简单，就是用最小的代价，换取自己最想要的东西——不想让我经历千辛万苦才建立起来的市场秩序毁于一旦，本森他们这样做，无疑会打破我对石油领域的控制权，这可是我赖以生存的生命线啊！所以，在他们的输油管道开通以前，我就向本森提出，我要购买他们的股票。但他们却毫不犹豫地拒绝了。

这些不识抬举的家伙一下子惹怒了许多人，主管公司管道运输的奥戴先生甚至扬言用武力去摧毁它。这种卑鄙下流的想法让我感到厌恶，在我看来，只有无能者才会那么不择手段。我对奥戴说："把你那愚蠢的思想扼杀掉！"我从来没有认输，即便输了，我也要光明正大地认输！

在背后捣鬼而不被人发现，可以让我们获得绝对的优势。但是，卑劣和不道德的手段是非常危险的，它会剥夺我们的尊严，甚至给我们带来牢狱之灾。而欺骗和不道德的行为也不可能成为持久可靠的成功策略，它只能破坏大局，让我们丧失日后的机会，让我们以后的发展变得越来越艰难。所以，我们一定要在竞争中循规蹈矩，让规矩帮我们建立关系，而关系又会给我们带来更多的业务，从而形成良性循环，否则，我们的好运会戛然而止。

◄)) 拒绝不择手段的竞争

不择手段的竞争只会让人厌恶，即便可以给一个人带来暂时的胜利，欺骗和不道德的行为，也已经让他的尊严丧失殆尽。他的为人只会让人敬而远之，更别说拥有更多的业务了，所以，从长远来看，绝对不能在竞争中不择手段。

对于我来说，我不需要迎接竞争，我只需要摧毁竞争者。但我不会采取不正当的手段，我要光明正大地、彻底而体面地赢得胜利。正当本森先生扬扬得意地享受他成功的喜悦时，我又向他发起了新一轮的攻击：我给生产储油罐的商家们送去了大批订单，并要他们保证按时交货，这样一来，他们就无暇顾及其他客户了，本森就会因为缺乏储油罐，只能将采油商们辛辛苦苦开采出来的原油倾泻在荒野上。这样一来，本森先生收获的就不是等待运输的石油，而变成采油商们的大声抱怨了。同时，我又大幅降低管道运输的价格，那些本来要依靠本森运输原油的炼油商们，纷纷被吸引过来，变成了我们的客户。而在此之前，我以迅雷不及掩耳之势收购了纽约几家炼油厂，避免了它们成为本森的客户。

一位优秀的指挥官，即便他面前有无数碉堡，他也只需全力以赴地去摧毁那个足以对自己构成最大威胁的碉堡就可以。我的每一轮攻击都打在本森先生的致命处，他要运油却没有储油罐，我胜利了。那条被誉为全美国最长的输油管道，建成还不到一年时间，本森先生就投降了，他主动与我讲和。我知道他不想这样做，但他知道，如果继续跟我对抗，他的下场将会更惨。

🔊 攻击敌人的致命点

俗话说，打蛇打七寸，攻击敌人时也要讲究策略，不能乱打一气。要想取得竞争的胜利，必须摸清敌人的弱点，朝他的弱点狠狠打下去，很快就能赢得胜利。

儿子，每一场至关重要的竞争都可能将我们的命运改写，"后退就意味着投降！后退就会沦为奴隶！"既然竞争无法避免，那就让它来得更猛烈些吧！而在这个世界上，无时无刻不在竞争，不允许我们停下来休息。所以，我们要打起十二分的精神，带上钢铁般的决心，去迎接一场又一场纷至沓来的挑战与竞争，并学会享受其中的乐趣，否则，我们的下场就会很惨。

要想在竞争中取胜，必须保持高度的警觉，这一点至关重要。当有人在设法削弱和打击你时，竞争就已经开始了。你必须搞清楚自己拥有什么，并收起你的友善和温情，然后动用你所有的资源和技巧，去赢取最后的胜利。

🔊 勇于接受挑战

当挑战来临时，你是选择后退，还是勇敢地迎战？你觉得后退可以保全自己，其实则不然。对方的咄咄逼人，你的后退，只会让你失去更多。记住，后退就意味着投降！

当然，勇气只是我们赢得胜利的精神支柱，要想取胜，还必须有实力。拐杖再结实，也代替不了双脚，如果你的双脚不够强健，不足以支持你成功，那你还是放弃和认输吧。你的当务之急是，继续努力，去发展、强化和磨炼自己的双脚，让它们变得有力起来。

我想，本森先生在天堂也会支持我的观点的。

爱你的父亲

智慧启迪

班里一个和你旗鼓相当的同学找到你，对你说："咱们来比赛吧！看这次考试谁的名次在前？输了的要请客，怎么样？"你们两个关系一直不错，但你因为家境不好，所以一直有些自卑，看到同学以请客为条件要和自己竞争，你犹豫了是不是？可是，我们未来的人生路上，还要面对许许多多的竞争，你能一直退缩吗？那你的人生理想、你的雄心壮志去了哪里？大胆地去迎接对手的挑战吧。记住，输不起的人也赢不起！

22 风险越大，收益才越大：
敢于冒险才能赢得大成功

○ *小约翰的心声：爸爸，我觉得人生就像一场赌博，就拿我们企业来说，每一次进军新的领域时，您都会反复考虑，有时候还会征求我的意见，我知道，这并不是您在犹豫，而是您在考虑这样做的风险有多大，是不是值得冒险。有时候我都建议您，还是保守一点吧，风险太大了，但您却总是对我说，风险越大，收益也越大。正是由于您的冒险，才抓住了一个又一个难得的机会。亲爱的爸爸，我真的很佩服您！*

亲爱的约翰：

有个人马上就要腰缠万贯了，明天，或许就在今天。他叫大卫·莫里斯，和美国独立战争时期的财政总监、费城商业王子罗伯特·莫里斯先生一个姓，他是一位赌场高手，刚刚在赌场交了好运，赢了一大笔钱，报上还同时登出了这位赌徒的一句人生格言：好奇才能发现机会，冒险才能利用机会。

就像你所知道的，我对赌博向来不以为然，但这位先生却让我刮目相看。他那哲学家般智慧的头脑，如果能用来做生意，他一定会成为一个职业竞争高手。

我这么欣赏他，并不是说在赌场上表现优秀就一定可以在商场上表现优秀，事实上，对于那些把商场当作赌场的人，我厌恶至极，但我不反对冒险，因为我知道：风险越高，收益才越大！对我们来说，在商海中驰骋，本身就是一场伟大的历险活动。

我的人生旅程就是在不断冒险，其中，对我的人生具有决定性影响的一次冒险，是我开始进军石油领域了。

当时，我正从事农产品代销生意，并且做得有声有色，如果继续下去，我很快就会成为一位优秀的中间商。但安德鲁斯先生的出现彻底改变了我，他对我说："约翰，迄今为止，在所有照明油中，煤油燃烧时所发出的光是最亮的，这一定会成为社会发展的大趋势。你想一下，约翰，这次市场有多大！如果我们跳进去，结果会怎样？"

你所拥有的东西越多，你的力量就越大。这是一个千载难逢的机会，我不会轻易放走它，否则，我失去的不仅仅是赚取大把金钱的机会，更重要的是，在财富竞技场上，我会处于越来越弱势的地位。我毫不犹豫地对安德鲁斯说："我干！"我们投资4000块钱，做起了炼油生意。这点钱现在看来虽然算不上什么，但当时对我们来说，那可是一笔不小的数目。尽管炼油业在成就许多百万富翁的同时，也让许多人沦为穷光蛋，但我既然决定做了，就不去考虑失败。

抓住成功的机会

只要你具有敏锐的洞察力，当机会来临时，你就不会放任它悄悄溜走。尽管这个过程需要一些冒险，但只要你努力去做了，你一定会有高收益的回报。

在炼油业的海洋里，我一头扎了进去。一年不到，我们就获得了丰厚的利润，其收益甚至超过了农产品。这是我们公司的第一笔大生意。那一刻我突然意识到，只要有胆量，敢于冒险，就能帮我们打通一条新的财富之路。

当时，石油行业是一个造就暴发户的行业，这一特点把我赚钱的欲望大大激发起来，我终于可以尽情地施展自己才华了，而这儿正是我期盼已久的。我告诫自己："必须抓住这个机会，因为它可以带我到达梦想之巅。"

正当我打算在石油领域大展宏图时，我的合作伙伴克拉克却出来阻止。克拉克是一个愚昧无知、懦弱自负、眼光短浅的人，他害怕失败，主张采取保守的策略，小心经营，这和我的大胆冒险的经营理念完全不符。在我看来，金钱必须在流通中才能帮我们做更多的事，如果把它锁在柜子里，就会像粪便一样变得恶臭难闻。克拉克不知道金钱的真正价值，这注定他不是一个合格的商人。

当我们在重要事情上不能达成一致时，我们的关系也就走投无路了。克拉克已经拖住了我成功的脚步，我必须立刻摆脱他，终止与他的合作。

◀)) 踢掉成功路上的绊脚石

你已经看到成功的曙光，可是，你身边那些眼光短浅的人却不相信你说的，他们怕你冒险，怕你会连累他们，所以千方百计地阻止。此时，最明智的做法就是，毫不犹豫地把这些绊脚石踢开，继续前进！

要想获得胜利，必须知道冒险所能给我们带来的价值，而且必须眼光长远，可以创造属于自己的运气。对我来说，终止和克拉克的合作就是在冒险，所以，在我决定倾全力进军石油领域之前，必须确保石油的可持续性。当时，许多人认为，石油就像一朵盛开的昙花，是难以持久的。我必须确保油源不会枯竭，否则，我所有的投资就将成为竹篮打水一场空。但我掌握的消息告诉我，油源不会枯竭。我们可以分手了。

在我和克拉克彻底分手前，我私下找到安德鲁斯先生，对他说："我们交好运了！现在，正有一大笔生意在等着我们，我们会赚取很多很多的钱！我要结束和克拉克的合作，买下他的股份，你会和我一起干吗？"安德鲁斯痛快地答应了，很快，我又找到几家赞助我的银行。

经过紧锣密鼓的准备，那年二月，我向克拉克提出分手，他很不情愿，但看我态度坚决，还是答应了将公司拍卖出去。

那天拍卖时的情景，至今仍让我激动不已。我感觉自己就像赌场上的赌徒，我全神贯注于那惊心动魄的一幕。最终，我用金钱赌出了精彩的人生。

拍卖从五百元开始，很快就有人出到了几千元，又很快有人出到了五万元，这个价格已经远远超出了我对炼油厂的估价。但价格还在不断上涨，很快就突破了六万元，又很快飙升到七万元。我开始担心，自己有没有能力买下这个自己亲手缔造的企业？自己有没有那么多钱？但我很快就打消了这一念头，我告诫自己："别怕，既然你已经决定了，就勇敢地去做吧！"竞争对手的报价已经高达七万两千元，但我还是毫不犹豫地报价：七万两千五百元！这时，克拉克站了起来，喊道："好了，我不加了，约翰，它是你的了！"

🔊 决定了就要勇往直前

你想成就一番事业，可是开始行动的时候你却发现，难度是那么大！继续还是后退，全在你的一念之间，但这一念却是决定你一生的时刻，或者继续过平庸的日子，或者开启自己的精彩人生。你一定是希望后者，那么，决定了就勇往直前吧！

亲爱的儿子，那一刻，我的人生被彻底改写，对我来说，它的意义非同一般。

为了和克拉克分手，我付出了高昂的代价：代理公司一半的股份，外加七万两千五百元。但我却赢得了自由，赢得了充满希望的未来。我开始掌控自己的人生，成了自己的老板，以后，我再也不用担心哪个鼠目寸光的平庸者拖绊我的腿脚了。

21岁那年，我就拥有了克里夫兰最大的炼油厂，我成了世界上最大的炼油商之一。这个每天能消耗五百桶原油的炼油厂，成了我征服石油界、称霸石油王国强有力的武器。是那场竞争，开启了我人生的成功路。

可以肯定的是，害怕风险就不可能致富，要想获得巨额财富，肯定要承担一定的风险。人生不也是这样吗？

没有人会永远停留在一个位置，不进则退，事情就是这样。我坚信，谨慎绝非完美的成功之道。无论我们的事业还是人生，都必须在冒险和谨慎之间做出选择，有时候，冒险比谨慎更容易获得成功。

风险越高，收益才越大

麦哲伦为了证明地球是圆的，亲自率领一支船队环球航行，他的经历可谓险象环生，但他的收获也是巨大的：他用自己的经历彻底改变了人们的观念。我们的人生也是如此，要想有所成就，没有一点冒险精神怎么行？记住，高风险就意味着高回报！

是商人就在追求利润和财富，他必须靠创造资源和利用他人的资源，甚至抢占他人的资源，实现自己致富的目的，所以，冒险是商人驰骋商场必不可少的一个策略。

如果你想冒险却又不至于失败，那你就要做到大胆谋划，小心实施。

爱你的父亲

智慧启迪

爸爸要做个小生意，因为资金有限，他在晚饭时动员全家给他投资。你想起了自己这十几年来积攒下的压岁钱，也有将近一万元钱了。你一直想让你的钱转起来，帮你生出更多的钱，只是苦于没有门路，现在，机会终于来了，可是，你又开始犹豫了，因为给爸爸投资是有风险的，甚至连本都不保。可是，万一成功了，收益也是可观的，正是这一点让你动心了。现在，听了洛克菲勒老师的课，你是不是有所启发？对了！大胆谋划，小心实施。不妨利用周末的时间，去考察一下市场，看看爸爸要做的生意，是不是真的像他说的那样，利润丰厚？如果是的话，那你就值得冒险。

23 人生是一个不断抵押的过程：借贷是为了创造运气

小约翰的心声：爸爸，在您的教导下，我一直在努力寻求赚钱的途径，前段时间，我打算投资股市，可是，我手里的金钱有限，最后只能向您借钱，但您却像我要从银行贷款一样，叫我支付利息。您还告诉我："天下没有免费的午餐！"本来我还雄心勃勃地想大赚一笔呢，现在反而开始犹豫和不安了。投资股市本身就是一个充满风险的行业，现在我更担心了，我怕自己输了，那样的话，我欠您的钱就会更多。亲爱的爸爸，您可别笑话我，您得给我出出主意，我该怎么办啊？

亲爱的约翰：

我知道你为什么感到不安了，儿子！因为你在用借我的钱去投资股市，你担心在那个充满惊险的世界里会输掉，因为那些钱是你借来的，不是你自己的，你甚至还需要支付利息。

儿子，我要告诉你，爸爸也有输不起的时候。从我开始创业，一直到我事业有成后，这种感觉似乎从来没有离开过我，所以，我每次准备贷款之前，都会犹豫徘徊，苦苦思索，甚至彻夜不眠，我整晚都在思索如何偿还贷款。

经常有人说，冒险容易招致失败，但傻瓜才会这么想！每次恐惧之后，我又重新振作起来，决定继续借钱。事实上，要想进步，我必须去银行贷款，别无他法。

儿子，借钱也是化解危机的一个好方法。只要你不把借钱当作自己的救生圈，只在遇到危险时使用，而是把它当作一种有力的手段，借钱就不一定是坏事，它不仅不会让我们破产，甚至还会帮我们开创新的机会。否则，你只能掉进恐惧的泥潭，终生无所作为。

🔊 借钱是化解危机的好方法

企业回款需要周期，但企业却每天都要运转。只要再拖两个月，企业就能照常运转，难道，还要等钱回来再生产？这显然不现实！此时，借贷虽然需要支付一定的利息，却可以轻松帮我们化解危机。

在我认识的那些富翁们中，没有谁是靠自己一点一点积累财富的，他们许多都是在借钱生财。道理很简单，一元钱的生意远远不如一百元钱的生意赚的钱多。

无论是人生竞技场，还是在财富竞技场，优秀者想得最多的，不是我输了会怎样，而是我赢了会如何。

借贷是为了创造运气。如果少量的抵押就可以换来更多的东西，那我们还犹豫什么？在克里夫兰时，为了壮大自己的实力，成为科利佛兰最大的炼油商，我就曾一次又一次欠下巨债，甚至把公司抵押出去，最终，我成功了，我取得了举世瞩目的成就。

儿子，人生就是需要不断抵押，我们以年轻为抵押去追求未来，以生命为抵押去追求幸福。如果你没胆量靠近底线，就注定你不会成为赢家。这样看来，我们以冒险为抵押去追求成功，难道不值得吗？

🔊 借贷可以给孩子创造运气

有些眼光短浅的父母，因为家庭贫困，很早就让孩子辍学在家。但有些家庭贫困的父母却眼光长远，他们为了孩子的教育，不惜四处借贷。十几年之后，他们之间的区别也就显现出来了，好运开始降临在后者的头上。这都是当初的借贷换来的呀！

说起抵押，我再插几句，每次我从银行拿到贷款时，我所抵押的，不只是我的公司，还有我的信誉。在我看来，合同和契约是一件很神圣的东西，我也总是严格遵守、按时还贷。对投资者、银行家、客户，甚至竞争对手，我从来都是以诚相待，在和他们探讨问题时，我也一直坚持实事求是，从不捏造证据，也从不闪烁其词。因为，任何谎言都经不起阳光照射！

我的付出让我得到巨大回报：在克里夫兰期间，我一次次陷入危机，又一次次被一些银行家拯救出来，就是因为我的诚信。

有一件事我一直牢牢记在心里。有一次，我的一个炼油厂突然着火了，这给我造成了严重的损失。我必须重整旗鼓，但这需要一大笔钱，保险公司的赔付迟迟不能到账，无奈，我只好向银行贷款。当时，炼油行业已经开始不景气，再加上我当时的情况，一些眼光短浅的银行家们开始犹豫了。对此，我心急如焚。

就在这时，善良的斯蒂尔曼先生站了出来，他派人把自己的保险箱提了来，对其他几位董事说："先生们，洛克菲勒先生和他的合伙人都是非常优秀的。现在他们想借更多的钱，诸位，咱们还是毫不犹豫地借给他们吧！如果你们不想担当风险，那么，就从我这里拿吧，想借多少就借多少！"那一刻，是我的诚实和信誉征服了他们。

我亲爱的儿子，你要记住，诚实也是一种有效的策略和方法。你只需要支付你的诚实，就可以赢得银行家甚至更多人的信任，就凭这一点，我渡过了重重难关，踏上了快速成功的列车。

🔊 抵押诚实和信誉

房子可以抵押，企业可以抵押，但我们一无所有时抵押什么？记住，你不是一无所有，你还有诚实和信誉。只要你说到做到，以诚相待，这也是一笔丰厚的资源！

现在，我不用再向哪个银行借钱了，因为我已经拥有了巨额财富，但是，在危难之中给予我鼎力相助的那些人，我将永远铭记在心。

你将来要从事企业管理，所以你必须清楚，企业运作的目的就是赚取金钱。扩大规模可以赚更多的钱，但用企业抵押贷款，也是企业管理的重要组成部分。你不能只把眼光放在金钱的一种功能上，否则，你就会失败，甚至还会造成公司破产，即便情况不会这么糟糕，你也会错失很多机会。

树立了赚钱的决心，还必须善于管理和运用金钱。要做到这一点，许多事情必须亲力亲为，不能只停留在口头上。成功与否全在细节，如果忽略这些细节，或者超越这些细节，把这些当作杂事一样交给下属去做，你就已经丧失了企业管理一半以上的责任。工作的热情不应受细节的影响，要想成功，你必须时刻牢记两点：战略、战术。

亲爱的儿子，你一直向往伟大的人生，如今，你正朝那里挺进，为了最后的胜利，你必须解除畏惧心理，勇往直前。

爱你的父亲

智慧启迪

这是一个抵押的社会：房屋贷款，我们抵押的是房子；向亲朋好友借钱，我们抵押的是诚实和信誉；向书店借书，我们抵押的是金钱。但有时候，为了完成一个大计划，我们需要做出更大的抵押。成功了，你就会拥有一份精彩的人生；失败了，你就会一无所有。成功很诱人，但失败也很吓人，此时，你还有那份胆量吗？没有的话，你这辈子就注定要庸庸碌碌地度过了。

24 将挫折转化为胜利：
只要不放弃，你永远不会被打垮

小约翰的心声：爸爸，我知道，生意场上的失败在所难免，我甚至还听说有人在竞争失败、破产后自杀的消息。在为他们感到惋惜的同时，有时候我也不禁会想，如果是我，如果我突然从腰缠万贯跌落到身无分文，甚至债务缠身，我能坚持下去吗？如果我再奋起，再失败，或者失败得更惨，我还能坚持下去吗？虽然我不会像某些人一样轻易结束自己的生命，但是能否会坚持下去，我还真不敢保证。

亲爱的约翰：

今天是不平凡的一天！

今天，全国人民都怀着一颗特殊的感恩之心，来纪念我们的前总统——那个具有伟大而罕见灵魂的亚伯拉罕·林肯先生。对此，他受之无愧。

在我的记忆中，从来没有人超越林肯的地位。他用不屈不挠和大无畏的精神，在合众国的历史上谱写了一段最华丽的乐章！他用自己的宽厚仁爱之心，解放了全国四百万黑奴，粉碎了二百七十万白色人种套在他们灵魂上的枷锁，那种因种族仇恨而导致灵魂扭曲和堕落的历史永远结束了！还因此避免了国家灾难性的后果，所有不同语言、不同宗教、不同肤色的人群，组成了一个崭新的大家庭。合众国从此获得了自由，有了真正的公正。

林肯是20个世纪最伟大的英雄，今天，在他一百周年诞辰之际，全国人民都在追忆他为祖国所做的贡献，就很好地说明了这一点。

可是，当我们在追忆并感恩他的伟大贡献时，我们更应该被他的精神所感动——那份对待事业的执著和勇气。我们对他的最好纪念就是，学习他，学习他那种永不放弃的精神。

在我的心里，林肯永远是不畏艰难、不屈不挠精神的化身。他出生在一个一贫如洗的家庭，年纪不大就被赶出家园。第一次经商就以失败告终，第二次他失败得更惨，欠下的债务让他还了十几年才还清。他从政后，经历更是坎坷，第一次竞选州议员就失败了，他还把工作也丢了。不过还好，第二次竞选总算成功了。但他很快又经历了丧失亲人的痛苦、竞选州议员发言人失败。但他并没有灰心，在竞选中，他又先后经历了六次失败，他终于当选为美国总统。

🔊 坚持下去，终会成功

有的人一遇到挫折就打退堂鼓，有的人虽然能再次奋起，却承受不住接二连三的失败，终于，他放弃了，他同时放弃的，还有成功。可如果坚持下去呢？不管失败多少次都不去管，只要像婴儿学走路一样，跌倒了爬起来，跌倒了爬起来，总有学会走路的那一天。

几乎所有人都曾历经坎坷和饱受打击，但却很少有人能像林肯那样不屈不挠！每次在竞选中失败后，林肯都会勉励自己："我只是滑了一跤，我还可以爬起来继续！"就是靠着这种力量，林肯克服了重重困难，成就了他卓越的人生。

林肯用自己的一生告诉我们：只要不放弃，你永远不会被打垮！

功成名就离不开一系列的奋斗。那些成就卓越的人们，谁没有经历过一系列无情的打击？但他们都坚持了下来，正因为他们的坚持，才成就了辉煌人生。比如希腊大演说家德莫森，他天生口吃，又异常害羞。父亲临死时留给他一块土地，希望他可以衣食无忧，但当时的希腊法律却规定，要想拥有土地所有权，必须先在一场公开辩论中获胜。很不幸，他的口吃和害羞让他招致了惨败，他丧失了对那块土地的所有权。但他没有因此沉沦下去，而是发奋努力，终于，他克服了口吃，还缔造了人类演讲史上前所未有的高潮。历史没有记住取得他财产的那个人，却让全世界人们都记住了他的名字——德莫森。

许多人只把眼光盯在自己的弱势上，却忽视了自己的优势，从而丧失了让自己成为强者的机会，这种人很不幸。

林肯用自己的一生向我们证明：挫折也可以转化为胜利！没有谁不会经历失败，关键是不要因为失败而沦为懦夫。如果你尽力了却没有达到预期目的，那你就要总结教训，争取在下一次时有更优异的表现。

🔊 **挫折也可以转化为胜利**

经历了挫折并不怕，关键是挫折之后能够汲取教训，作为下次再次奋起时的资本。只要有这种心态，挫折越多，你就越完美，享受成功的几率也就越大。

说实话，我没打算和林肯总统比较，但我确实有一些他的精神，我厌恶失败，厌恶丧失金钱，但我更害怕这次的失败会影响我日后的生意，我会表现得太过谨慎，从而成为一个懦夫。要真是那样，那我可真是损失惨重！

对许多人来说，失败的阴影很难从他们的心头拂去，而成功的欣喜则会激励他们继续向前。但林肯却是个例外，他的毅力坚不可摧，挫折和失败在他那里，变成了激励他前进的动力。林肯先生有一句名言："天鹅绒上磨不出锋利的剃刀！"

毅力是一种无可取代的精神，即便你才能超群，也取代不了它。怀才不遇的人到处都是，无所作为的天才也随处可见。教育也取代不了它，世界上有太多学非所用的人。没有什么比毅力和决心更能所向披靡。

当我们朝人生的巅峰迈进时，要始终牢记：在每一个阶梯都要脚踏实地。当我们感到疲倦和灰心时，请做好再战一回的准备。就像一位拳击手所说的，再战一回你才能取胜。每个人的身体里都蕴藏着无限潜能，你要搞清它的位置，并充分利用，否则它就一文不值。

◀)) 毅力和努力缺一不可

顽强拼搏的毅力很重要，但如果能与努力结合起来就更完美了。输了无所谓，只要我们不被失败打倒，并将其转化为我们奋进的动力，趁热打铁继续努力，我们和成功的距离就会越来越近。

机会必须靠自己去争取，但是，我们必须努力拼搏才能抓住它。俗话说，要趁热打铁。事实的确如此，毅力和努力缺一不可。每一次回答"不"的时候，就是我们向成功迈进的时候。"黎明之前的夜最黑暗"，这话很有道理，只要你努力工作，开发你全部的才智，终有成功的那一天。

今天，在我们感激和赞美林肯总统的时候，也别忘了用他的事迹来激励我们。只要我们这样做了，即便我们不能成为顶天立地的男子汉，我们也仍然是个胜利者。因为我们读懂了人生的真谛，有了敢于面对人生的勇气，而这儿就是我们最大的成功。

爱你的父亲

你还在为最近几次考试不理想而苦恼吗？那你就想想林肯，林肯的失败经历简直可以写成一本书，但他却一次也没有被打倒过。正是他的坚持，成就了他最后的伟大。你想，假如他当时在那么多次的失败中，有一次选择放弃，还会有他最后的成就吗？所以，既然你认定了一个目标，那么，在你成功之前，坚持下去吧，直到成功。记住，只要你不放弃，你就永远不会被打垮！

没有十全十美的人，你是一位管理者，你的成就取决于你领导才能的发挥，取决于你下属在工作中才能的发挥。真的要挑剔，他们的缺点一定有一箩筐，但你要做的，应该是致力于发掘每个员工潜在的优点，关注他们在每一个细节上的表现，比如为了把工作做好，对自己近乎苛刻的要求。领导者就应该这样做。

——洛克菲勒

第五章

做一个杰出的领导者

25 坚持策略性思考：
做一个优秀的渔夫，而不是钓鱼者

> ○ 小约翰的心声：亲爱的爸爸，您从白手起家到称霸整个石油界，成为全世界最富有的人，这其中除了胆量、敢于冒险外，没有超群的能力，是绝对不行的。爸爸，我很难想象，在这个过程中，您的经历该是多么的坎坷！尤其是您成为石油霸主之后，许多次我都亲眼看到，不管情况多么糟糕，您似乎总能轻而易举地化解，这点叫我非常佩服。亲爱的爸爸，您能告诉我，您是怎么做到的吗？这其中是不是有什么秘诀？

亲爱的约翰：

　　汉密尔顿医生又胖了。看来，打高尔夫球也不能帮他实现减肥的目的，他必须考虑其他减肥运动了。可惜，适合他减肥的运动还没被发明出来，他很苦恼。但他是个乐观的人，他总能说一些稀奇古怪的事来娱乐我们。

　　今天，汉密尔顿医生又给我们讲了一个渔夫和钓鱼者的笑话。看到我们笑得前仰后合，他更兴奋了，他笑着问我："洛克菲勒先生，您喜欢做渔夫，还是喜欢做钓鱼者？"

　　我回答说，假如我是钓鱼者，今天我怎么会有资格在这里跟诸位打高尔夫球？我的成功全赖于有效的行为策略，所以我必须努力做一个优秀的渔夫。

　　当然，作为一个钓鱼者，谁也不会傻乎乎地看到水就丢下鱼饵，他们也会事先思考和计划，要去什么地方，钓什么鱼，用什么做鱼饵，要把鱼饵丢在什么地方。他们的计划做得很完美，但结果到底怎样却不得而知。

也许鱼儿很快就会上钩，也许他们等上半天，却一条鱼也钓不上来，他们想钓的那条鱼，可能永远也不会上钩。尽管他们的目标很明确，但方式太过死板，又不愿意变通，这就大大限制了他们成功的可能性——他们只可能钓到那条鱼线所及范围内的鱼。但是渔夫就不一样了，他们张开大网捕鱼，因为范围已经扩大，成功的几率也就大大增加，他们更容易捕到自己想要的那条鱼。

我对汉密尔顿医生和其他球友们说，我从不像钓鱼者那样墨守成规、按部就班地用一成不变的方式去解决问题，而是像渔夫那样尽可能地扩大自己的选择范围，直到捕到自己想要的那条鱼——能为我创造最大商业利益的方法。他们笑着说我泄露了商业机密。

◀)) 做一个优秀的渔夫，而不是钓鱼者

渔夫和钓鱼者虽然目标相同，都是为了钓上一条特殊的鱼，但因为他们的捕鱼范围相差悬殊，所以结果也相差悬殊。我们在平时处理问题时也是一样，为了找到理想的方法，必须努力扩散自己的思路，才更容易像渔夫捕鱼一样，网到自己想要的那条鱼。

亲爱的儿子，不管你从事什么工作，要想找到解决问题的最佳方法，就必须先拥有许多方法。在做出最完美的决策之前，我会努力找出各种有创意的、能为我带来效益的方法，只要有可能性，我就会通通考虑进来，考虑各种选择的可行性，直到选出最好的方法。所以，我总能捕到自己想要的那条鱼。

当然，在计划的实施过程中，我也会根据形势变化随机应变，不断调整和完善事先的计划，所以，即便在计划实施过程中遇到麻烦，我也能不慌不忙，沉着应对。

许多人都说我能力超群，是一位卓有成效和有超强行动力的领导者。其实，要做到这一点并不难，只要你牢记，解决问题的方法不止一种，你要努力找出并乐于尝试各种可能帮你达成目标的方法，勇敢并耐心地面对在这个过程中可能遇到的各种困难，要有不达目的誓不罢休的执著精神。

只专注于手段的计划者只能充当策略者的副手。作为公司的一位总裁，我只制定明确而清晰的方向和策略，至于计划的实施，我则交给下属去做。但我会不断地去探索可能实现策略的各种方法。

🔊 解决问题的方法不止一种

俗话说，条条大路通罗马。对于问题的解决也是一样，方法绝非一种。抱着这种心态，你就永远不会让自己的思路陷入死胡同，就永远不会有绝望的时候。并且，不管在任何时候，我们都能找到最优的方法。

在许多人看来，只要制订出扎实的计划，有具体的、可以衡量的、切实可行的目标，成功就实现了一大半。这看起来似乎很完美，但却有个致命的缺陷。因为计划一直在强调判断的标准和预期的效果，目标是切实可行的，方法也是固定的，方案的实施依据的是可以预期达成的目标和方法，所以在采取行动之前，就已经把自己局限在了一个很小的范围内。

尽管我们在制订计划的时候，力求让计划看起来无可挑剔，但在我们的计划出台之前，情况可能就已经发生了变化，也就是说，市场信息瞬息万变，客户变了，连当时我们制订计划时所依赖的资源也已经发生变化。所以，即便你为制订这个策略花费了高昂的成本，浪费了许多宝贵时间，计划也很难付诸实施。

可是，如何适应这种变化呢？无论我们是为整个公司，还是为某一部门制订计划，我们都要确保自己制订的是策略，而不是手段。策略着眼的是整体，面向的是未来，以及各种可能出现的情况，所以，它同时也是有弹性的，可变的。策略着眼于企业成长和利润的扩大，而不是单个可以衡量的目标。同时，策略为我们呈现的是一个整体方向，而不是达成目标的某种手段。

一位优秀的领导者，他不应该只知道设计手段，他还必须是一位策略性的思考者。不要让自己的思路被既定的文件所局限，我们讲究专注，但也应该是富有弹性的。我们应该不断地探索，争取在每一分每一秒都能开创出新的有助于达成目标的方向。

◀)) 做一位策略性的思考者

策略的制定关乎公司的发展方向，影响到公司的盈利模式和利润扩大，可谓一着不慎，满盘皆输。所以，作为一个公司的领导者，必须是一位策略性的思考者，能够根据市场变化，不断探索和开创企业新的发展思路和方向。

为了达成长远目标，我们不要满足于已经想到的三五种方法，而要不断地、想方设法去发掘新的机会，不管是在与对手谈判中，还是在公司脑力风暴的会议中，都要设法去寻求获取更大利益的机会。

为了避免企业危机，我们必须不断地制定新的策略，不断地调整已有计划。商场瞬息万变，我们在适应的同时，也要随时依据形势变化修改和完善我们的计划。这样做的好处是，短期内的弹性工作，让我们对长远的、具有弹性的目标有了更好的把握，从而摒弃不合时宜的策略计划，满怀希望、精神抖擞地投入新的环境。

要始终充满信心，不管情况多么糟糕，都要能看到其中蕴含的希望——只要你坚持寻找，就一定能找到希望。

作为一个领导者，他必须能为自己、为员工提供希望，帮员工开辟出一条希望之路。想想你感到绝望的那段日子，因为你认为自己已经走投无路了，因为你认为自己已经毫无选择了，所以你才会被困住，你才会找不到出路，才会想到放弃。

走出绝望的路只有一条，那就是不断寻找各种跨越障碍的可能性。也就是说，只要你相信还能找到其他方法，你就一定能找到其他方法。

))) 在绝望中寻找希望

俗话说，天下没有打不开的锁。同样道理，天下也没有解决不了的问题。不管在任何时候，哪怕看起来你已经到了绝望的边缘，也不要让心中那片希望之光破灭，那么，你就永远不会绝望，就一定有翻身的机会。

一位优秀的领导者，必须能应付商场上随时出现的新状况，并根据市场出现的新状况制订出新计划，寻找渡过危机的好方法，为公司制定企业发展蓝图。而当局势发展急转直下，似乎已经穷途末路时，他也能像摔跤手一样不屈不挠，即便已经被对手压在身下，仍然在努力寻求翻身的机会。终于，他凭借不屈的意志，灵活的身躯，以及随机应变的智慧，寻到对方一个破绽，成功脱离险境。在看似必输无疑的情况下，他硬是为自己杀出了一条生路。

如果一开始我们就调动自己的全部智慧，也就不会有后来的挫折与痛苦了，更不用无休止地四处奔波了。

情况发展似乎已经无可挽回时，如果你能继续怀抱无限的希望，就能超越我们的人生底线，为下属提供更多的选择机会。所以，在看似别无选择的情况下，我们也要奋力杀出一条生路。

爱你的父亲

你还在苦恼自己在做题时总是落在其他同学的后面吗？那你有没有发现，你解题时所用的方法，总是最笨拙的？你有没有想过，为什么别人能找到巧方法，你却不能？因为你在解题的过程中，想到一种方法就开始下手，而没有考虑是不是还有更好的方法，你以为笨鸟先飞就一定能先到，结果却仍然是最后到达。从现在起，转换一下你的思路，在下手之前，先做策略性思考，多找几种方法，从中选出最巧妙的，记住，磨刀不误砍柴工！在这个过程中，你的效率一定会大大提高。

26 责难是摧毁领导力的最大敌人：
拒绝责难，拒绝抱怨

○ 小约翰的心声：爸爸，那天去您办公室时我看到，有一个部门主管因为没有完成任务被您叫到了办公室，了解事情的来龙去脉后，我知道，这件事情的责任不全在他，资源没有到位的确是个大问题，但很奇怪，这个主管竟然一点都没有推卸责任的意思，而是在努力寻求补救的方法。而您也没有责难任何人。您和下属的这种责任心让我很是敬佩。亲爱的爸爸，难道这就是您能建立起一支优秀团队的秘密？

亲爱的约翰：

假如我告诉你，安德鲁·卡内基先生来拜访我，并一本正经地向我请教了一个问题，你一定会感到很惊讶，这个不甘人后、总以为自己天下第一的人，怎么可能？但他的确是这么做的。

前天，卡内基先生到基奎特来拜访我。不知道是不是我和蔼可亲的态度，以及我们轻松的谈话，这位有着钢铁般自尊的人，竟然放下架子向我讨教：

"约翰，我知道你手下有一支很优秀的队伍。但我也知道，他们的才能并非所向披靡，但很奇怪，他们似乎真的无坚不摧，无论什么样的竞争对手，他们都能轻松地把他们击败。能不能告诉我，你是不是给他们施了什么魔法？难道是金钱的诱惑？"

我对他说，的确有金钱的功劳，不过，更主要的是责任。有时候，一个人采取某种行动，并不是想怎么样，而是责任心推动他去那么做。标准石油公司的人们都有一颗责任心，他们都知道自己应该做什么，知道怎样才能把事情做得更好。但我不会一再给他们强调责任和义务，而是用自己的方式，去培养有责任感的企业。

我还以为这个话题可以就此结束了，但没想到，我的回答却让卡内基先生的好奇心更大了。他继续问我："约翰，那你可以跟我说说，你是怎么做的吗？"

看他这么认真，这么谦虚，我不忍拒绝，只好如实相告。要想实现可持续发展，在领导方式上就要注意，不管你因为什么理由，都不要去责难任何一个人、任何一件事。因为，责难就像一片沼泽地，一旦踏入，就会立刻陷进去，让你失去立足点，找不到前进的方向，然后陷入无尽的怨恨之中。结果就是，下属不再尊重和支持你。一旦沦落到这种地步，就相当于你把王位拱手让给他人，你失去了主宰一切的可能性。

🔊 责难是一片沼泽

当你的好朋友因为忘记或其他某种原因而没有实现给你的承诺时，其实他内心已经开始自责了，此时，你应该给以理解。如果只顾自己心里痛快而发泄一通，你的责难会变成一片沼泽，瞬间将你淹没，与此同时，你还会失去一份珍贵的友谊。

责难是摧毁领导力的最大敌人。在这个世界上，没有谁可以做常胜将军，不管他是什么身份、什么地位，都不可避免地会遭遇一些挫折和失败。所以，我在面对问题的时候，从来不会感到不满和怨恨，而是积极寻求补救和修正错误的方法，努力扭转不利形势，带领企业向更好的方向发展。

当然，我对自己不会这么宽厚仁慈。当问题出现时，我会首先问自己："你的责任是什么？"根据自己的角色做出完整彻底的评估，而不去考虑别人的责任，或要求别人应该如何改进，因为那些都毫无意义。事实上，只有专注于自身，才能重新取得无意中拱手让出的王位。

但是，分析自己的责任，并不是在自责。自责是一个可怕的陷阱，比如"这真是一个低级错误"等自责心理，只会将我们带入无尽的怨恨和不满中。实际上，"你的责任是什么"，是在进行彻底的自我分析，这其中也包括对自我的肯定。当我发现问题的根源不在于他人，而在于自己时，我也不会怨天尤人，而是设法让自己强大起来。因为我越强大，别人就越不容易影响我，如此看来，这也算是一件好事。

如果我能在每一个阻力面前，不去斤斤计较别人哪里没做到，而是以此作为了解和认识自我的一个机会，那么，我一定能在领导危机到来之前就找到出路。

🔊 剖析自我

> 不责难别人，并不代表对自己也要宽宏大量，如果这样想你就错了。当问题出现时，我们先不要埋怨别人，先想想自己的责任，自己做到了吗？如果的确是自己的原因，就要勇于承担，继续完善自我，而不是自责和怨天尤人。

当然，我不是救世主，也从不抱有救世主的心态。我经常问自己：我应该在哪些方面负起责任来？下属应该在哪些方面为我负责？每个人都有自己的责任，领导者不需要承担全部责任。如果我把自己当作救世主，只会让自己陷入领导危机。让下属负起自己应该负的责任，也是我的责任。如果一个员工对于关系自己切身利益的事抱有满不在乎的态度，他怎么会有出色完成工作的强烈愿望？这样的员工，我不需要。

责任感可以激发并强化一个人做事的能力，这一点，没有任何一件事情可以比。所以，我可以把一项重大的责任委托给下属，同时，我也会表达对他的充分信任，我这样做，更能激发员工的责任感。所以，应该下属承担的责任，我从不去包揽。

除了以身作则营造公司责任感之外，我的基本原则和人生理念也是主要方式之一。在标准石油公司，你永远听不到责难和借口。这一点，公司每个员工都知道。如果有人犯了错，我不会惩罚，但如果有人不负责任，我则无法容忍。我们讲究的是彻底奉行，我们采取的是支持、鼓励和尊重，那种只知道找借口却不去寻求解决方式的做法，在标准石油公司是不存在的。

我们知道，任何事都可以摆在阳光下探讨。所以，我的大门随时都为下属敞开，只要他们是抱着负责任的态度，都可以随时来提建议，甚至只是发发牢骚。这样一来，我们彼此更加信任，我们所犯的错误也越来越少。

卡内基先生这个学生很优秀，我的时间没有白费，话题结束时，他总结道："在抱怨声中，再优秀的员工也会成为一盘散沙。"他说得很对。

🔊 **拒绝抱怨**

抱怨是一种不负责任的态度。如果遇到问题时，不是努力寻求解决问题的途径，而是抱怨和推卸责任，即便给你再多的时间，你能在抱怨声中将问题解决吗？别忘了，我们的当务之急是什么！所以，从一开始就要有责任心，拒绝抱怨。

我亲爱的儿子，几乎每一个人都习惯推卸责任，所以，推卸责任的现象随处可见。但是，它也造成了无尽的后患，避免的唯一方法就是，做一个善于倾听的人。

领导者的最大责任就是，创设一个能让员工开诚布公的环境，让他们产生隐瞒实情就会有不舒服的感觉。主动找员工谈心，多用一些鼓励性的话语，如"接着说"，或"我的确是想听听你的想法"等等，设法引出他们的心里话。在许多人看来，对话中拥有主动权的是陈述者，但事实却恰恰相反。

有点不敢相信是吧？但事实的确如此！在对话过程中，陈述者所述说的内容、所围绕的主题，甚至说话时的语调，都由你的倾听方式所决定。你想，在一个面露敌意并随时准备攻击你的人面前，和在一个聚精会神倾听你谈话的人面前，你的反应会是相同的吗？当你全神贯注地倾听，没有任何防卫之心时，你就会得到更多的信息，知道对方为什么会出现攻击性的行为，为什么会说出愤怒的话语，这些信息可以纠正你之前对整个事件来龙去脉的假设，更有助于整理你的思绪。而且，由于你的全神贯注，陈述者看到你对他讲话的重视，在他陈述完后，也会乐意聆听你的意见。

🔊 耐心倾听的好处

如果你是一个企业老板，耐心倾听员工的心声，你的收获也会是巨大的。你会听到很多有创意性的点子，你会及时发现员工和上级之间的矛盾，增强员工对你的信任，从而把他们的心凝聚起来，齐心协力创造更大的企业效益。

真实的倾听应该不带有任何防御心理，即便你对他所说的事情不感兴趣，也要认真倾听，当然了，这并不代表一定要立刻做出回应。专心倾听是一种态度，而不是技巧。滑雪者在遇到障碍的那一刹那，不会去想待会儿跟伙伴怎么说，而是集中全部注意力去应付眼前的障碍。作为一名倾听者也应该如此，如果你将自己全部的注意力贡献给了另一个人，就不会想到什么说什么了，这样一来，双方就能敞开心扉，营造一段更有意义、更有效的对话。

长期以来，我们在塑造生活的同时，也在塑造着自己。在以后的日子里，我们还会继续下去，对自己负责是我们人生的必选项。就像我们的方向受目标指引一样，拒绝责难也会为你开创一条通往目标的康庄大道。

爱你的父亲

因为成绩下降严重，爸爸狠狠批评了你。你抱怨题目太难，抱怨时间紧，复习不到位，说有几道题自己本来就会的，就是因为马虎，可爸爸根本就不听你解释，因为，他只关注一点：你成绩下降了，名次也下降了。是啊，什么也不如你成绩下降这一点更有说服力。对此，你还在耿耿于怀吗？那么，你还记得你的雄心壮志吗？如果一遇到挫折，你就这样抱怨、找借口，只会让你深陷抱怨的泥潭，这辈子你都别想有所作为。因为，真正能有所成就的人，在遇到问题时是绝不会怨天尤人的！

27 让员工心甘情愿付出的秘诀：始终把员工放在第一位

> ◯ 小约翰的心声：爸爸，我看到公司的员工似乎一个个被您施了魔法，工作时候的热情似乎是在跟自己干活儿一样。而且，领导不在的时候，他们本可以偷偷懒，但他们的工作热情似乎一点也没有降低！我就曾偷偷地观察过。我很奇怪，给别人打工，即便创造再多的利润也是老板的呀，他们怎么还会这么奋不顾身？亲爱的爸爸，您是不是对他们施加了某种魔法？

亲爱的约翰：

假设有这样一个场面：一位交响乐队的指挥家精心准备了一场高水平的演出，可是，当观众们买票进场后，那位指挥家却面朝观众，让那些演奏家们独自辛苦奋战，你想结果会怎样？

这场音乐会注定会以失败收场。因为指挥家没有把那些演奏者们放在眼里，演奏者为表现自己的不满，自然会用消极怠工来回馈他，结果可想而知。

老板就像一位乐队的指挥家，他们连做梦都在考虑如何激励和调动员工们的积极性，让他们为自己作出更多的贡献，帮自己演奏出最华丽的乐章，从而为自己带来更大的利益，更多的收入。可是，这对于许多老板来说，注定永远只是一个梦。因为，他们就像上面这位愚蠢的指挥家一样，只顾自己表现，却不善待自己的下属，也就轻而易举地关闭了员工们情愿付出的心门。

🔊 不善待下属让自己愿望很难达成

玩过汤姆猫游戏的人都知道，那只可爱的汤姆猫会重复人的话，你说什么，它就说什么，你笑它就笑，你哭它就哭，你骂它它就骂你。所以，在与人相处时也是一样，要想别人怎么待你，你就要怎样待人。一个不知道体恤和善待下属的人，是很难实现自己梦想的。

和他们的期望一样，我也希望我的员工可以忠诚地为我服务，帮我创造更大的效益，但我比他们聪明，我不仅不会忽视我的员工，还善待他们，确切地说，我始终把为我服务的员工放在第一位。

说心里话，员工们为了企业发展做出了许多努力和牺牲，是他们的辛勤劳作才使我的钱袋鼓起来，我没理由不感激和善待他们，更何况，我们的世界本来就应该充满爱。

我爱我的员工，我从来不大声斥责和辱骂他们，也从来不会像某些为富不仁者一样，在员工面前摆出一副不可一世、趾高气扬的姿态。我给予员工的，永远是平等、宽容与爱。在我看来，这是对员工的尊重。尊重他人是一种道德层面上的要求，但它同时还有另外一种功效——激发员工的积极性。因为我给予了员工应有的尊重，所以公司的每一位员工都不遗余力地投入工作，我的尊重也让他们的潜能得到彻底发挥。

所有人的内心都有一种渴望，渴望他人慷慨。所以，尽管我自身很节俭，但我从不忘慷慨助人。在那次经济大萧条时期，我就多次借钱给我的朋友，帮助他们的工厂和家庭安然渡过危机。而且，我也从来没有向人催账过，更没有向人逼债过，因为我清楚地知道，宽容是无价的。

对于员工，我一向也是慷慨的。和任何一家石油公司相比，我的员工的薪酬都是最高的，同时，他们退休后还有退休金，而且，他们每年都有机会向老板提出加薪的要求。我的慷慨付出，换来了员工生活水平的提高，在我看来，这是我的责任之一，我希望我的每一个员工都会因我而过上富裕生活。

🔊 慷慨待人

我们平时所提倡的包容心、乐于助人等都是慷慨待人的一种表现。慷慨待人会向周围的人传递一种精神上的愉悦，这种精神上的愉悦又会转化为另一种强大的动力，如果你是老板，他们就会为你创造更多的效益。

老板应该是员工的守护神，员工的问题就是老板的问题，选择权都在老板手上，他可以忽略员工的需求，也可以满足他们的需求，但我选择后者。我总是设法了解员工需求，然后设法满足他们的需求。我总是问他们这两个问题："你想要什么？""我可以帮你什么吗？"我随时都在关心他们。对我而言，这是一种乐趣，因为我可以助他们一臂之力。

工资和奖金是一种很诱人的东西，但对有些人来说，金钱并不是让他们甘愿付出的动机，但是尊重却能起到这种作用。因为，每个人都渴望自己的价值得到认可，渴望自己被重视，渴望得到他人的尊重，每个人的脸上都写着一行无形的字：重视我！

一个在工作或家庭中不被重视的人是痛苦的，我有责任让每个员工在工作时都如沐春风。所以，我会像一个明察秋毫的侦探一样，不断探查每个员工最引以为自豪的才能。当我发现他们的这种才能后，我就对他们委以重任。一个想要激励员工全身心为你奉献的老板，应该时刻牢记，要让员工感觉，追随和效命于你是有前途、有希望的，而重视和委以重任，就是激励员工的一种最有效方式。

🔊 被人重视的好处

被重视的员工有了全心奉献的动力，被重视的学生有了继续表现的愿望，被重视的同学有了继续和你做朋友的想法，重视别人就是有这么多好处。要想让你的人生畅通无阻，并顺利朝成功的目标迈进，从现在起，学会尊重和重视你身边的每一个人吧！

一位体贴和善解人意的老板，可以为员工注入无限的激情与活力。经常对员工表达谢意，似乎也能起到这种作用。员工可能不记得自己五年前拿奖金的事儿，但老板对他的赞美，他一定记忆深刻，所以，我总是适时地向员工表达自己的感激之情。任何一件事，都不如及时而直接的感谢更具有影响力。

我经常会给下属写一些感谢词，放在他们的桌上。许多自己随手写下的感谢语，我早就不记得了，但我的感激之情却对员工起到了巨大的鼓舞作用。若干年后，许多人仍记得我曾经给予他们温暖鼓励，他们把那些感谢词珍藏起来，作为一份宝贵的箴言。这就是感谢力量的另一种证明。

🔊 表达谢意也是对他人的肯定

在别人帮助我们时，我们都会顺口说声谢谢。其实，这不只是礼貌，还是对人家助人行为的一种肯定，从而激励他们做出更多的助人行为。试想，人家帮你后，连句谢谢的话都得不到，人家下次还愿意帮你吗？

对于员工在工作和私人方面的问题，我都会认真看待。我知道，每个人的能力毕竟有限，但我的努力付出也换来了他们的努力付出。

我亲爱的儿子，你现在已经是一个领导者了，你的成就不仅取决于你的能力，还取决于员工能力发挥的程度，我相信你应该知道自己怎么做了。

爱你的父亲

 智慧启迪

终于当上了班长，你觉得自己总算可以扬眉吐气了。可是事情却不像你想象得那么简单，你指挥同学干这干那，一开始还没人说什么，大家也都按照你说的去做，你更得意了。一连几天，你都沉浸在

那种美妙的感觉中，可是有一天你却突然发现，同学们开始不配合你了。你朝他们咆哮，发怒，不仅没有换来你想要的结果，反而你分配的任务没人去做了。你知道这是怎么回事吗？因为你觉得作为一名班干部，指挥同学去做事是理所当然的，丝毫也没有觉得他们这是在帮你，因为没有得到你的尊重，所以就开始消极怠工，开始反抗了。要知道，权威的树立不是发号施令就能换来的。从现在起，站在其他同学的角度，试着去尊重他们吧，适时地对他们说声谢谢，必要时再搭把手，同学们一定会重新回到你的身边。

28 让员工做自己最喜欢的事：设法利用每个员工的长处

> ○ 小约翰的心声：亲爱的爸爸，我一直为有您这么一个伟大的爸爸而感到骄傲，我觉得自己是一个很幸福的人。在为您感到自豪的同时，我也立下了一个伟大的志向：也要像您一样做出一番事业，所以有时候我就分析和思考，您为什么会取得这么大的成功？今天我只总结出一点，您看对不对？作为一个领导者，您并不是大包大揽所有的事儿，而是只做您喜欢的事儿，其他的事儿则交给您的下属去做。亲爱的爸爸，您说，我总结的对吗？

亲爱的约翰：

看到你的信我非常高兴，因为你明白了我为什么能事业有成，因为我有我的做事哲学：只做自己喜欢的事，其他的事，则交给喜欢做它的人去做。

对我而言，做自己喜欢的事是一件毋庸置疑的事。我会时刻牢记，要领导自己的团队出色地完成任务，只靠一些管理技巧是不行的，必须采取一种更为宏观、更为有效的领导方式。

具体来说，就是要设法利用每个人的长处，并诱发他们的工作热情，创造出最高的效益，避免他们认为自己是在从事一项呆板无趣的工作。这是在我领导岗位上制胜的关键。

在我上学时我就记下了这句话："最幸福的人就是能投身自己最擅长领域的人。"后来，我又对其进行了改造，作为自己的一个管理理念：最能创造效益的人就是能全身心投入自己最喜欢事情的人。

每个人都希望能忠于自己的天性，成为自己期望的人，而忠于自己的唯一方式就是，做自己最喜欢的事。但很遗憾，许多管理者根本就不知道这一点，所以他们总是事半功倍。

这很容易理解，如果不能将时间用在自己最喜欢的事情上，就无法实现心理的满足。因为心理需求没有得到满足，他就觉得生活没意思了。因为对生活失去了热情，也就丧失了工作的动力。我们都知道，想让一个停止摆动的闹钟准确报时是不可能的，可是，让一个丧失工作动力的人出色地完成任务，不也是一件很可笑的事吗？

所以，我总是不忘给予员工忠于自己的机会，这会大大激发他们做事的动力，让他们的才智得到淋漓尽致的发挥，我从中收获的，则是财富和成就。忠于自己等于拥有了赢得人生中一场最伟大战役的机会，谁会轻易放过呢？

◀)) 给下属提供忠于自己的机会

每个人都有自己喜欢的事，都有做自己最喜欢的事的渴望，对他们来说，如果能把工作和自己的喜好联系起来，他们的才能就能得到淋漓尽致地发挥，这也是每一个领导者渴望的事儿。但前提是，你首先必须给下属提供他忠于自己的机会。

作为一个领导者，要想充分利用员工热情，就必须清楚自己的职责，你的任务不是找出员工的劣势，而是发掘他们的优点，关注他们的才能，将他们的优势完全诱发出来。我从来不去找寻下属的致命弱点，但我会努力找出他们最坚强的地方，让他们的才智充分展现在工作中。

我对阿奇博尔德先生的重用就是一个例子。

我从来不以自己的好恶作为选拔人才的标准。在选拔人才时，我从不关注这人看起来怎么怎么样，而是他在工作中会如何表现。我喜欢自己的喜好，但我更喜欢高效率。

阿奇博尔德就不是一个完美的人。他喜欢酗酒，但我却滴酒不沾。但阿奇博尔德却有一个优点，他具有出色的领导才华和天赋，他乐观幽默，反应敏捷，能够出口成章，尤其是他勇敢好斗的性格特别适合在斗争激烈的商场中游走，所以，在将他收为己用之前，我始终对他保持着浓厚的兴趣，我不断将重要任务交给他，最后甚至提拔他接替我的职务。

事实证明，他的确是一个天才的领导者，他的成长经历是那么独特。假如他没有那些不良习惯，他的成就一定会更大。

我希望自己能在每一个员工身上找出可以为我所用的价值，而不是我不能容忍的缺点。当我找出这种价值后，我就开始致力于将其转化为工作中出色的才能，对于他们的缺点，我则忽略不计。所以，我的下属总是甘愿奉献，他们看起来是那么有能力。

📢 关注员工的优点，而不是缺点

作为一个企业，最关键的应该是能帮你创造最大效益的人，只要员工的优势为你创造你想要的效益，只要他的缺点不影响自己的工作，我们就没必要去关注那么多。所以，我们真正应该关注的，应是员工的优点，而不是缺点。

亲爱的儿子，没有十全十美的人，你是一位管理者，你的成就取决于你领导才能的发挥，取决于你下属在工作中才能的发挥。真的要挑剔，他们的缺点一定有一箩筐，但你要做的，应该是致力于发掘每个员工潜在的优点，关注他们在每一个细节上的表现，比如为了把工作做好，对自己近乎苛刻的要求。领导者就应该这样做。

个人无法主宰集体，虽然领导者的作用是很大的，但整体来说，要想取胜，还得依靠集体的力量。我的每一项荣誉的获得都不是我个人努力的结果，而是集体的力量。只要大家齐心协力地努力了，奇迹就一定会出现。

祝你好运，我亲爱的儿子！

爱你的父亲

 智慧启迪

如果你是一次活动的组织者，你就必须知道每个人擅长什么、喜好什么，根据每个人的特点分配角色。只有这样，你才能取得最好的效果。试想，如果你让一个擅长写作的人去演讲，结果会怎样？所以，要想成为一名优秀的组织者和领导者，正确的做法就是，发掘每一个人的外在和潜在优点，并将其转化为你做事的动力，从而收获你想要的结果。也就是说，让每一个人做自己喜欢和擅长的事，这也是组织者和领导者的责任。

29 巧用目标激励法：
为自己和员工制定切实可行的目标

小约翰的心声：亲爱的爸爸，在您的栽培下，我终于跨入了标准石油公司高层领导者的行列，不过这似乎有点意外。因为在我看来，我起码还要再奋斗几年呢，这种提前到来的成功，让我有点飘飘然了。不过冷静下来思考，我似乎还没做好准备。这一角色，我不知道自己到底能不能胜任。亲爱的爸爸，您能不能给我点建议，在这个位置上，我有哪些需要注意的？如何获得大家的认同和赞赏？

亲爱的约翰：

你能进入标准石油公司高层领导者的行列，你感到光彩，我也感到荣耀。但是你应该知道，在你享有这份荣耀的同时，你也肩负起了一份责任。否则，你就辜负了大家对你的期望与信任，你就不配拥有这份荣耀。记住，你现在已经是标准石油公司的中坚力量，公司的发展前途与你休戚与共，你也应该用更高的标准来要求自己了。

说实话，要想在这个职位上拥有出色的表现，得到大家的认同与赞赏，你还有许多东西要学。现在，你不妨考虑一下：对这个角色，你到底能否成功掌控？

每一位领导者都是一位希望之神，当危难来临时，他就是带领员工安全走出充满荆棘道路的向导。但许多人却将员工们的希望化为了失望。作为一个领导者，不管他是谁，都无法回避接踵而来的难题：永无休止的工作，铺天盖地的讯息，突然发生的变故，高层管理者、投资者和客户没完没了的要求，难以调教的员工，不断出现的新挑战，这些都让你应接不暇，开始产生挫折感，焦虑和恐惧的心理也随之出现，你想在商场上有所成就的梦想可能因此而破灭。

📢 领导就是下属的希望

一位领导就是一个集体的核心。尤其是在危难来临时，大家总会把希望的目光投向他，希望他在关键时刻能够创造奇迹。所以，作为一位领导，你的信心就是下属的信心，你的失望就是下属的失望。很显然，后者不是一位合格的领导者。

但我觉得，只要你知道让下属甘心为你卖命的秘诀，要想成为一个充满活力与信心的杰出领导者，比成为一个缺乏活力、在无助的感觉中苦苦挣扎的领导者要容易得多。注意，我说的是甘心，而不是被迫。

作为标准石油公司的一位领袖，我在享有权威的同时也享有快乐。因为我知道，要是能找到帮我做事的人，就等于他们帮我创造了时间。也就是说，这会让我有更多的时间和精力去考虑如何为公司赚取更多的利润。

这里涉及一个态度的问题。态度决定行动，也就是说，我们抱有什么态度，就会采取什么行动。所以，我们可以通过改变自己的态度来改变自己的人生，只要你相信你能改变自己的态度，你就一定能改变。

聪明的人总是选择最有利于达成目标的态度。一个聪明的领导者，总是在思考什么样的态度可以帮自己达成最想要的结果。是鼓励，还是同情？他永远不会考虑冷漠或敌对的态度。

如果你觉得自己是高高在上、金口玉言的君王，你一定会成为路易十六第二。对我来说，我从不骄横跋扈，制造矛盾，也从不给自己太大的压力，但我会给下属充分的信任，我会通过鼓励，让他们帮我达成期望，所以，我总能灵活委派自己的下属。这样做并不难，只要你知道怎样设定目标，并用目标去激励你的下属就行。

🔊 **选择好你的态度**

> 一个人的态度不仅会影响到自己的行动，尤其当他是一位领导者的时候，他对待下属的态度，决定了下属是精力充沛还是活力尽失，当然，谁都希望前者。那么，从现在起，善待你的下属吧，永远不要用冷漠或敌对的态度对待他们。

我崇尚目标，但我不会像某些人一样夸大目标的作用，我会利用目标的功能。在我看来，目标可以调动我们的潜能，可以影响我们的行动，可以激励我们设计达成目标的手段。有了明确的目标，我们就可以专注于目标的达成了。

经验告诉我，一个人所能达到的高度，以及他最终在工作中的表现，和目标本身密切相关，而和他为了达成目标做了哪些事无关。试想，要想赢得高尔夫球比赛，哪有一杆就完成的？还不是一杆一杆地打，但是，你每打出一杆，就离你的目标——球洞——越来越近，直到球最终被打进洞去。

目标就是我领导的依据，在我看来，目标就是一切。在做任何事情之前，我都会先确定目标，而且，我每天都会设定目标，每天都要设定许多目标。比如，在跟合伙人谈话之前我会先考虑，我的目标是什么？在召开会议之前我也会想，我的目标是什么？在制订计划之前我也会想，我的目标是什么？等等。在开始行动之前我也会先检查一下自己设定的目标。一般情况下，我在进入公司之前，就已经做好了准备。所以，我的脑海中从来没有"我办不到"、"我要放弃"、"不可能了"之类的消极想法。因为，每天确定的目标，已经抵消了这些消极的力量。

🔊 目标的作用

目标就是方向，有了目标就有了努力和奋斗的方向。不管做任何事，事先设定目标，事后检验目标的达成程度，可以有效地提高我们的做事效率。而且，因为有了明确的目标，就避免了我们在做事时盲目和无所依赖的心理。

假如你不主动确立你的目标，你就会被迫选择其他目标，这样的结果很可能是让你丧失对全局掌控的能力，那些让你分心或搅乱你心神的人或事也会让你变得更加被动。

这种情况就像在码头松开一艘游艇，却忘记了开启马达一样。你只能随波逐流，海风、海浪或暗礁等随时会让你葬身海底。除非出现奇迹，否则你就很难顺利到达对岸。确立目标就和开启游艇的马达一样，可以指引你朝既定的方向前进。目标可以为我们的努力指明方向，增加我们奋勇向前的力量。

但是，目标的确立只完成了一半，你得接着完成另一半，清晰完整地将你的目标告知你的下属——你的意图、动机和整个战略计划。我会向任何一个想要了解我目标的人阐明我的想法。在每次谈话、开会、作报告或行动之前，我都会先阐明我的想法、动机和期望。

这样做会给我们带来一系列好处，下属在了解你目标的同时，也明确了自己的奋斗方向，而且更主要的是，当你将目标公之于众时，下属对你更加信任，更加忠诚。这儿，正是下属甘心奉献的开始。

信任和尊重是两种无形的力量，一位优秀的领导者应该知道如何运用这两种力量。当你将自己的目标坦诚公开时，实际上就是在告诉你的下属："我信任你，所以我愿意跟你说。"你们之间信任的大门被开启，下属对你更加忠诚，他将调动自己的全部才智为你效命。用我的信任换取别人的信任，是我事业有成的重要原因。

将目标转化为力量

试想，你要求你的下属一定要努力工作，但他却连自己要达到什么标准都不知道，怎么会有做事的动力？怎么会有出色完成任务的愿望？所以，虽然目标的力量是巨大的，但前提是你得公开自己的目标，让下属了解你的意图。

将目标公开，就避免了下属无意义的猜测。假如下属不知道你的目标，他们就会花费时间和精力去猜测你的意图、你的目标，任何蛛丝马迹都会成为他们推测的依据，而且，在这个过程中，一些信息很容易被扭曲。假如他们不需要去猜测你的动机，就会将全部的时间和精力投入工作中，他们的士气、才能更容易发挥出来。所以，千万别把下属当傻瓜。

公开目标会产生巨大的力量，它不仅是对自己发展计划的声明，也是领导者要坚定奉行计划的誓言。在这个过程中，他坚决的态度也会传染给下属，起到巨大的激励和鼓舞作用，这种力量最终会化为员工在工作中更为杰出的表现。

领导者的任务就是发现问题，而问题的解决还得依靠下属。所以，领导者首先要考虑的就是，如何调动下属的积极性。在我看来，阐明你的目标，尊重你的每一位下属，是帮你实现目标的重要途径。

🔊 不要滥用目标的力量

公开目标可以让下属清晰自己的奋斗目标，对你充满尊重与信任，从而将其转化为工作中的动力。可是，如果某一天他们突然发现，你给他们的目标只是在画饼充饥，他们之前的动力就会瞬间烟消云散。

目标就和钻石一样，要让它有价值，必须保证它是真的。虚伪地表白自己的目标只会给自己带来恶果。目标的力量是巨大的，但如果滥用，就会导致下属失去对你的信任，这种风险也是巨大的。

我亲爱的儿子，通往地狱的路上充满了善意。你要做好充分的准备，否则，这句话可能会应验。

爱你的父亲

在平时的学习和生活中，我们也可以通过设定目标的方式来激励自己。比如，我现在的成绩是60多分，那我就先将目标定为70分，等达到这一目标后，再将目标改为80分。再比如，在暑假中给自己规定要阅读多少本书，而且即便在阅读某一本书时，也要给自己定下目标：阅读完这本书，我可以从中学习到什么？但是，不管我们制定什么目标，都要记住，制定的目标一定要切实可行。也就是说，要确保制定的目标经过一番努力后很有可能达成，而不是永远无法企及的梦。

30 不做只说不做的空谈家：
自动自发，立刻行动

> ⦿ 小约翰的心声：亲爱的爸爸，我告诉您一个秘密：我在进行一项大计划，对此，我已经计划了将近一年，可是，我总感觉还缺点什么，所以迟迟没有行动。我想，我一定要把计划做得天衣无缝，确保胜利万无一失。爸爸，您等着吧，到时候我一定会给您一个惊喜！

亲爱的约翰：

聪明人的话总能让我记忆深刻。有位哲人说得对："教育涉及很多方面，但教育本身并不会教给我们任何方面。"这其中隐含着一条真理：假如你不付诸行动，再实用、再美好的计划也会变成泡沫。

我始终坚信，机会是在行动中获得的。没有十全十美的构想，即便你的计划很一般，如果能付诸行动并一直坚持，都会比完美却半途而废的计划好上一千倍。因为前者坚持到底了，而后者却没有。所以，成功的秘诀不在于过人的智慧，特殊的才艺，而在于能够积极行动，这样你就会离成功越来越近。

但很遗憾，许多人并不知道这个秘诀，所以他们注定要一生平庸。看看我们身边那些碌碌无为的人，他们没有一个不是在被动地生活，他们说的永远比做得多，甚至是只说不做。在找借口方面，他们个个都是行家，他们总是在找借口故意拖延，直到拖得不能再拖，到了无可挽回的地步，这时，他们又会借口自己能力不足而放弃。

143

不做只说不做的空谈家

许多人总是这也看不惯，那也看不惯，他总在跟人说："要是我……"可是，他却没有一次采取行动。一开始还有人听他，渐渐地，人们开始感到厌烦了，偶尔会有的人回他一句："那你去做吧！"是啊，光说有什么用，你去做呀。

和他们相比，我就显得聪明多了。盖茨先生就赞誉我是一个主动做事、自动自发的行动者。我很乐意接受这样的赞誉，因为我觉得我对得起这些词。积极行动永远是我做事的风格，我讨厌华而不实的空谈。因为我知道，任何计划都必须付诸行动才会有结果，世界上任何一件东西的获得都是通过行动得来的。只要我们活着，就必须采取行动。

许多人都知道，不以智慧为基础的知识是没有价值的，但空有知识和智慧却不采取行动，不也是没用的吗？行动与计划是事物的两个方面。任何事情恰到好处就行，即便你计划做得再完美，却迟迟不采取行动，那也只是浪费时间。也就是说，我们要懂得适可而止，别让自己落入不断演练、不断计划的怪圈，必须认清现实：即便你计划做得再完美，最后仍然可能会出现你事先预料不到的情况。

当然，我并不是在否认计划的重要性，计划是我们获得成功的第一步，但计划并不代表行动。就像打高尔夫球一样，如果你没有打进第一洞，你就永远无法打进第二洞。行动才是解决问题的关键，没有行动，什么都白搭。没有稳操胜券的计划，但我们可以下决心将计划付诸实施。

行动才是解决问题的关键

俗话说："说一千道一万，不如踏踏实实做一件。"计划做得再完美，话说得再好听，不付诸行动，也和镜里看花没什么区别。所以，行动才是解决问题的关键。

缺乏行动的人不愿意接受改变，他们宁可维持现状，这可不是一个好习惯。这是在自欺欺人，对自我成长是极为不利的。因为，我们生活在一个随时都在发生变化的社会，就像人的生老病死一样，没有任何事物是一成不变的。但许多人出于对未知的恐惧，即便他们对现状很不满意，即便让他们接受一点点的改变，他们也不愿意。他们本可以有一番作为，却因为这个坏习惯而一事无成，实在让人同情。

的确，谁在做出一项重大决定时，内心都会有或多或少的担心和恐惧，都会反复考虑自己要不要去做。但是善于行动的人则会毫不犹豫地付诸实施，不管遇到任何困难，他们都会想方设法完成自己的心愿。

然而，不善于行动的人则喜欢坐等好事降临。他们幼稚地认为，一定会有人关心他们的事情。可实际上，除了他们自己，没有人会对他们的事情感兴趣，人家关心的只是自己的事情。比如一笔生意，收益越高，我们就越会主动采取行动，而别人不会，因为成败只和我们密切有关，跟别人无关，所以，要采取行动的是我们。如果你只是坐等别人来帮你，那你最后只能收获失望。

只有把希望押在自己身上，你才永远不会失望，才能获得更多掌控命运的机会。聪明的人总是主动行动。

🔊 自己才是自己的希望

把希望押在别人身上，等待别人去帮你，就和等着天上掉馅饼一样，几率渺茫。所以，自己的利益必须自己去争取，自己的命运也要自己去掌控，因为，你自己才是自己的希望。

最容易让人产生挫折感的，就是有许多事情要做，却因为没有足够的时间，再加上对做事步骤的繁琐吓倒，我们开始变得畏缩不前，以致最终一事无成。的确，时间对每个人来说都是有限的，谁也没办法做完所有的事。聪明的人都知道，你采取了行动并不代表就一定有好结果，只有明智的行动才会带给我们有意义的结果。所以，聪明的人只做对达成目标有意义的工作，而且全神贯注。

一口不能吞掉一头大象，做事也是如此。要想把所有事情做完，只能失掉更多的机会。我的人生格言是，在紧急事情面前我无需保持公平。

许多人都想等到万事俱备、时机成熟后再采取行动，但这样恰恰让他变得被动了。机会随时都会有，但却从来没有完美无瑕的。被动者总是在等待确保事情可以万无一失的时候才采取行动，但这恰恰注定了他们要一生平庸。所以，我们要学会妥协，即便机会并不完美，我们也要相信，这正是我们现在所需要的机会，否则，只是一味地傻等，只能让我们陷入等待的泥潭。

完美只是我们的一个追求目标，真正的完美并不存在，有的只是近乎完美。要等到所有条件都完善了再去行动，只能在无尽的等待中，一次次和机会擦肩而过。那些想把所有事情都准备妥当后再出发的人，将永远也踏不出家门。要让自己成为行动者，就要停止你的白日梦，只想现在，立刻行动。永远和"明天"、"下星期"、"以后"之类的词说再见，因为那是永远也做不到的代名词。

🔊 真正的完美并不存在

追求完美可以成为我们的目标，但却不能成为我们做事的标准。你想找个十全十美的人做朋友，那你恐怕要孤独一辈子了；你想等到计划做得十全十美之后再行动，那你恐怕就要一辈子一事无成了。因为，这世界上根本就不存在十全十美！

谁都会有信心不足或丧失信心的时候，尤其是身处逆境时。但聪明的行动者却会告诫自己，谁都会有失败，甚至失败得很惨的时候，即便你在做计划时浪费了很多时间、很多精力，在真正执行的时候，还是难免会有疏漏。聪明的行动者会把失败作为自己学习和成长的机会，愚蠢的被动者却认为是自己能力不足，从而丧失了积极进取的动力。

许多人都把"心想事成"奉为名言，但我却不以为然。好主意有的是，但最初的设想只是我们行动的开始，接下来你还有许多事情要做。

在这个世界上，有思想、有想法的人比比皆是，但却很少有人知道，将一个好主意变成现实，比空想一千个好主意更能为我们创造价值。

一个人是否有能力，不在于他有多少想法，或他的想法有多好，而在于他能否把这些想法付诸行动。人们总是喜欢诚恳做事的人，在他们看来，这样的人任劳任怨，一定能把事情做好。没有任何一个人因为耐心等待、不采取行动或等上级命令后才开始行动而受到表扬。一位领导者，无论他身处工商界、政府还是军队，一定是一位踏实能干、主动做事的人，那些喜欢袖手旁观的人，永远与领导者无缘。

无论是主动做事，还是被动做事，都是一种习惯。习惯就像一根绳索，我们每天都会在上面纺织一根线，这样时间长了，绳索就会变得粗壮结实起来。好习惯的绳索可以带领我们攀登高峰，坏习惯的绳索则会引领我们到达低谷。坏习惯很容易养成，它可以左右我们的成败；好习惯虽然很难养成，但却很容易坚持下去。

🔊 让主动做事成为一种习惯

"只要有百分之一的希望，我就要进行百分之百的努力。"抱有这种心态的人，更容易取得成功，因为他一直在行动，他已经养成了主动做事的习惯，所以即便偶尔有失败，他也比一直在设想却迟迟不肯行动的人取得的成就要大得多。

养成立刻行动的习惯，关键要有积极主动的精神，改掉懒散的作风，立志做个主动做事的人。世界上没有绝对的完美，我们也不需等到万事俱备后再去行动。养成主动做事的习惯，不需要有超人的智慧和特殊的技巧，只要我们踏实肯干，好习惯一定能在我们的人生旅途中开花结果。

我亲爱的儿子，人生就是一场伟大的战役，为了胜利，我们必须行动、行动、再行动！只有这样，我们才会获得安全的保障。

圣诞节快乐！这是我能想到的最好的圣诞礼物。

爱你的父亲

马上就到暑假了，你是不是特想让自己的暑假过得有意义？你是不是也为此做了许多许多的设想？那么，要想让自己的暑假真的变得有意义起来，不想让自己的设想化为肥皂泡，那么，别等爸爸妈妈催，自己就主动行动起来吧！因为，再好的设想，只有付诸行动了才会变得有意义。

机会和时间一样，对我们每个人来说都是平等的，但是我抓住了，所以成为富翁，有些人没有抓住，所以他们继续贫困。这是为什么？难道真像那些诽谤我的人说的那样，因为我贪心吗？

当然不是！而是因为我的勤奋，机会只属于勤奋者！我从小就坚信：财富不是刻意追求来的，而是勤奋工作的副产品。任何目标的实现都是勤于思考和勤奋工作的结果，建立财富的大厦也是如此。

——洛克菲勒

第六章

事业有成的秘密

31 天下没有免费的午餐：
金钱资助不见得是好事

> 小约翰的心声：爸爸，您总是鼓励我要乐于助人，可是，在最近一次为贫困者捐款的活动中，我发现您的捐款却是最少的。您是全世界最富有的人，这微薄的捐款可与您的身份与地位不符啊！而且，事后我也听到一些人对您的指责，他们说您小气、吝啬。在我的印象中，您可从来不是小气的人啊。亲爱的爸爸，您能不能告诉我，这次是怎么回事啊？

亲爱的约翰：

在最近的一次捐款中，我只捐出很少一笔钱，对此，新闻指责我小气、吝啬，可我不在乎。我已经听惯了那些鼠目寸光的记者们骂我，我已经习惯了他们说我愚蠢和小气。不管他们如何对我口诛笔伐，我的回应永远只有一种方式：沉默。我不进行任何辩解，因为我坚信自己是对的。

每个人都有自己的路，只要我问心无愧。也许有些人很难理解，我那么有钱，怎么叫我捐款帮助人会让我那么紧张呢？那种紧张程度，远远超出了我做生意时的紧张。下面我给你讲个故事，或许可以解释这些人的疑惑。

🔊 **走自己的路，让别人说去吧**

> 你是否也遭人指责过？你是否也因为别人的不理解而苦恼过？是否也有过要随大流的想法？需要说明的是，大众的眼光不一定是雪亮的，群众的意见也不一定是正确的。只要你问心无愧，就让别人说去吧！

有一位农民养了几头猪。有一天，主人在喂猪之后忘了关掉猪圈的门，于是，那几头猪逃了出去。它们在野外一代又一代地繁衍下去，变得很凶悍，最后甚至开始威胁经过那里的行人。几位经验丰富的老猎人听说后，决心为民除害。但是，这些猪却非常狡猾，一次次从猎人手下逃脱。

亲爱的儿子，你看到没有？当这些猪独立之后，它们就开始变得聪明和强悍了。

这天，一位老人赶着一辆驴车进山了，驴车上装满了木材和粮食。当他经过野猪经常出没的一座村庄时，村民们好奇地问他："老人家，你这是要去干什么啊？"老人回答说："我来帮你们抓野猪啊！"村民们一听就笑了："得了吧！那么多好猎人都没有抓住它们，就你一个老头子，怎么可能？"可是，两个月之后，老人从山上下来了，他告诉村民们，野猪已经被自己围在山顶的栅栏里了。

村民们在感到诧异的同时，好奇地问："真的？太不可思议了！你是怎么抓住它们的？"

老人解释说："我进山后，先找到野猪经常找东西吃的地方，然后在那里撒一些粮食。一开始的时候，野猪虽然很好奇，但也很谨慎，它们只是嗅一下粮食的味道。但时间不长，就有一头胆大的野猪吃了第一口，很快，其他野猪也跟着吃起来。我知道，我一定能抓住它们。"

"第二天，我在那里撒了更多的粮食，并在不远处竖起了一块木板，野猪吓坏了。但那免费的午餐太诱人了，它们很快就又跑回来吃了。在以后的日子里，我每天都要在周围竖起几块木板，直到我把栅栏围好。

"然后，我又挖了一个坑，在里面竖起一根角桩。每次我这样做时，野猪们就会后退一些，但那免费的午餐很快就又把它们吸引了来。栅栏围好了，门也准备好了，此时，不劳而获的习惯已经让它们丧失了所有的警惕，它们又大胆地走了进去，这时，我出其不意地把栅栏的门给关上了。就这样，那些喜欢吃白食的猪轻而易举就被我抓到了。"

免费的午餐让人付出代价

谁都喜欢天上掉馅饼的好事，可是天上怎么可能会掉馅饼？有的只是一些人设计的陷阱。贪图小便宜的心理，很快就会让你养成免费吃午餐的习惯，到时候，你就会落得和那些野猪一样的下场一样，付出更大的代价！

这个故事告诉我们：一只动物，即便它有再高的智慧，一旦它养成不劳而获的习惯，它的智慧就会丧失，失去原有的自由。同样道理，要想让一个人变成残废，我只要送给他一对拐杖，几个月之后，我的目的一定可以达到。也就是说，我只要在一定的时间内，给一个人提供免费的午餐，一定可以让他养成不劳而获的习惯。因为，我们还在妈妈肚子里的时候，就已经有了被人照顾的需要了。

的确，我一直鼓励你去乐于助人，但就像我经常对你讲的那样：假如你送给人一条鱼，你只能保证他一天不被饿死；但假如你教给他捕鱼的技巧，你就等于保证了他一辈子不被饿死。这就是"授人以鱼不如授人以渔"的道理。

我认为，资助金钱并不可取。它会让人变得懒惰，去掉勤俭节约的美德，丧失进取心和责任感。而且，在向一个人资助金钱的时候，就等于在否定他的尊严，抢夺他掌控自己命运的机会，在我看来，这是一件非常不道德的行为。作为一个有钱人，我有责任造福人类，但我绝不能让自己成为懒汉的制造者。

资助金钱是在制造懒汉

每个人都有双手、双脚，还有聪慧的大脑，所以，他完全可以自己养活自己。如果有人想偷懒，向你乞讨，你别觉得你资助他金钱是在帮他，一旦大家都这样想，他很快就会养成偷懒的习惯，到时候，他就彻底毁了！而你，就是这罪魁祸首之一。

一旦一种行为成为习惯，不管是好还是坏，习惯都会一直伴随他。免费吃午餐的习惯只会让一个人丧失胜利的机会，更别说一帆风顺了。而勤奋却是我们成功的唯一出路，工作则是我们为获得成功而付出的代价，勤奋工作是获取财富和幸福的唯一途径。

很久以前，一位国王想编写一本智慧书，留给子孙后代。国王把这一任务交给一位大臣，并对他说："人必须有智慧，否则就像一个没有蜡烛的灯笼。现在，你来编写一本书，务必要把各个时代的智慧全部网罗进去，启迪我们的子孙后代。"

这位大臣接到任务后，用了好长时间，终于写出了一本长达十二卷的著作，他骄傲地把这本书呈给国王，说："陛下，各个时代的智慧全被集中在这本书里了！"

国王看了一眼，说："我相信你所说的，这本书的确是历代智慧的结晶，可是，这书太厚了，我担心我们的后代没有耐心读完它，所以，您还是把它浓缩一下吧！"这位大臣又花了很长时间，经过一次又一次的删减，终于，最后只剩下了一卷。可是，国王还是觉得太长了，命令他再对文字进行浓缩。

这位大臣后来把一本书浓缩为一章，又浓缩为一页，再浓缩为一段话，最后又浓缩为一句话。国王接过大臣递上来的书，非常满意，他高兴地说："爱卿啊，这真是历代智慧的结晶！无论一个人身在何处，只要他知道了这个真理，一切问题都可以迎刃而解！"这句话就是：天下没有免费的午餐！

🔊 **天下没有免费的午餐**

有人交给你一包东西，说是吸一下会让你有神仙般的感觉。看着你疑惑的眼神，对方告诉你，不要钱，免费的。于是，你抱着试试看的态度吸了一下，感觉真的很棒，于是就有了第二次、第三次，你很快就上瘾了，这时对方却告诉你，不免费了，要花钱了，而且价格贵得让你咂舌！此时，你想戒都戒不掉了，因为你吸的是毒品。这就是免费的结果。

所以，智慧书的第一章，也就是最后一章，就是"天下没有免费的午餐"。要想出人头地，必须努力工作，要是人们都知道这一点，肯定大部分人都会有所成就，同时，我们的世界也会变得更美好。想吃免费午餐的人，迟早要连本带利地还回去。

人生在世，不管是从我们自身来说，还是从对外界的贡献来说，都要努力创造足以让我们的生命更有尊严、更有价值的东西。

爱你的父亲

任何时候都别想天上掉馅饼的好事，一分耕耘一分收获才是永恒不变的真理。

32 用心做好每一件事：
财富是勤奋工作的副产品

> 小约翰的心声：爸爸，我最近在总结成功的真谛，您看我总结得对不对？在人生的海洋中，我们一定要做赢家，不能成为赢家你就是在自甘堕落。任何事业的成功和成就的获得都离不开勤奋工作，即便腰缠万贯、坐拥天下，也得从勤奋一步步走来，只有勤奋才能造就贵族。亲爱的爸爸，您看我总结得对吗？

亲爱的约翰：

你的来信已经收到。在你的信中，有两句话写得很好："不能成为赢家你就是在自甘堕落""勤奋造就贵族"。可以说，这两句话是我始终坚守的座右铭，毫不谦虚地说，它们就是我人生的写照。

有些报纸在提及我如何赚取巨额财富时，总是不怀好意地把我比喻成一架天生的赚钱机器。唉！他们真是无知透顶，他们根本就不了解我，也不了解历史。

我是移民的后代，天生就对赚钱充满希望，并甘愿付出努力。我从小就遗传了妈妈勤俭、节约、自立、守信和坚持不懈的创业精神。这些美德被我深深地植入骨髓，作为自己赢取成功的伟大信条。即便是现在，这些伟大信念仍然在我的血液中流淌。而这一切，恰恰组成了我攀登财富巅峰的阶梯。

当然了，那场改写美国人命运与人生的战争，也给我带来了巨额财富。确切地说，正是在那个过程中，成就了我至高无上的商业地位。南北战争的爆发，的确给我们带来了前所未有的商机，它把我提前送入了富翁者的行列，为战后抢夺更大的商机打下了坚实的基础。因为有了雄厚的资金，确保了我在那次竞争中获胜，更成就了我后来的财源滚滚。

机会和时间一样，对我们每个人来说都是平等的，但是我抓住了，所以成为富翁，有些人没有抓住，所以他们继续贫困。这是为什么？难道真像那些诽谤我的人说的那样，因为我贪心吗？

当然不是！而是因为我的勤奋，机会只属于勤奋者！我从小就坚信。财富不是刻意追求来的，而是勤奋工作的副产品。任何目标的实现都是勤于思考和勤奋工作的结果，建立财富的大厦也是如此。

🔊 机会只属于勤奋者

俗话说："天道酬勤。"一个人，不管他有什么身份，不管他处于什么地位，要想有所成就，必须认准目标，并为之进行锲而不舍的努力，机会自然会来到他身边。因为，只有付出了才会有收获，机会永远只属于勤奋者。

我崇尚"勤奋造就贵族"这句话，并始终对其充满敬意。古今中外，每一位有地位、有尊严、拥有巨额财富、被荣耀光环笼罩的人，无不在勤奋思考，勤奋工作，他们都有着顽强的毅力。正是这种宝贵的品质成就了他们的事业，赢得了世人的尊重，使他们的名字和事迹流芳千古。

亲爱的儿子，世界随时都在发生变化，没有世代相传的贵族，也没有世代相传的穷人。你知道，爸爸小时候家境是多么的贫寒，我的衣着总是破旧不堪，生活也需要好心人的接济才能维持下去。但是今天，我已经缔造了一个庞大的财富帝国，并把巨额财富投入慈善事业。沧海桑田，什么事情都可能发生。即便你出身卑贱，家境贫寒，只要你有一份执著心，并付出了勤奋努力，照样可以事业有成，成为一名新贵。

只有付出了努力获得的尊贵和荣誉才会持久。但是今天，许多富家子弟不求进取，他们游手好闲、挥金如土，最终却在贫困中死去。

◀)) 勤奋造就贵族 ···

"我们不是贵族的后代，但我们可以成为贵族的祖先。"这是时下比较流行的一句话。意思是说，我们虽然出身不好，但通过我们的勤奋努力，照样可以成为一名贵族。

所以，你务必要教导你的后代，要想在人生的海洋中造就一个完美的自我，享受胜利的喜悦，赢得世人的尊重，让自己的名字流芳千古，必须用自己的双手去创造。要告诉他们，荣誉的桂冠只属于那些勇敢的探索者。要告诉他们，勤奋的最大受益者不是别人，而是他们自己。

我从小就坚信，只有辛勤耕耘才会有丰硕的收获。作为一个贫民家的孩子，要获得人生的成功、财富与尊严，没有捷径，必须勤奋。在学校时，我不是那种特别聪明的学生，但我不甘落后，于是我勤奋地学习，并一直坚持。十多岁时我就知道，我必须尽己所能地帮家里干活：砍柴、挤奶、打水、耕种，所有我能干的活儿我都干，并且是卖力地干。正是在农村时的那段艰苦岁月，造就了我坚忍的意志，在日后的创业中，无论多么艰辛，我始终都能坚强地面对，并一直充满自信。

我知道，我之所以能泰然面对一切逆境，并最终取得成功，都是我从小建立的自信心帮助了我。

勤奋可以造就人的品质，培养人的能力。我在休伊特·塔特尔公司上班时，就获得了非凡的能力，并被称为"最杰出的年轻簿记员"。在那段日子里，我夜以继日、废寝忘食地工作，我的老板看在眼里，他对我说，就凭你这顽强的毅力，你一定会成功！尽管我对自己的将来还不是很明了，但我知道，只要我用心地去做一件事，我就一定会成功。

如今，我已经快七十岁了，但我依然在商海中搏杀，因为我知道，要想结束自己的生命，没有什么比无所事事更快捷了。退休是开始还是结束，选择权在自己手上。无所事事的态度是一种慢性毒药。在我看来，退休只是生命的又一个起点，我熟知生命的真谛，所以我从来也没有停止过奋斗。

◀)) **无所事事是结束生命的最好方式**

有一句话叫作"生命在于运动"，意思是说，只有每天坚持运动，才能保证人体新鲜血液的供应，加快新陈代谢，保证人体充满生机与活力。而无所事事则恰恰与此相反，它是在消磨人的生命，加速我们的死亡。

我亲爱的儿子，我今天能拥有显赫的地位，巨额的财富，是因为我付出了比常人多得多的努力。我本来也是个普普通通的人，本来头上没有任何桂冠，但我用我的坚强、我的勤奋、我的持之以恒，最终取得了举世瞩目的成就。我不是浪得虚名，我头上的桂冠是用血汗浇筑而成，任何无知者的嫉恨和指责，对我来说都是不公平的。

我亲爱的儿子，你要知道，财富是对我们勤奋的嘉奖。所以，抱着坚定的信念，朝着既定的目标，继续努力吧！

爱你的父亲

智慧启迪

相信我们每个人都不希望自己的人生虚度，都想成为人生的赢家。有这个理想很好，但你必须做好准备，勤奋思考，勤奋工作，用心做好每一件事，天道酬勤，只要你付出了，财富、成就和地位自然会源源不断地来到你身边，因为，上帝也喜欢勤奋的人！

33 与高尚者为伍：打造纯洁、和谐的公司环境

> 小约翰的心声：爸爸，经常听您跟我说起一些投资的事情，每次公司在投资一个新的项目时，您都会反复考虑，有时候还会征求下属意见。大的计划您这样，小的计划您也这样，我很奇怪，有时候一个很小的计划，投资也用不了多少钱，即便失败了，对您来说，损失也算不上什么啊，可您怎么仍然那么谨小慎微呢？

亲爱的约翰：

查尔斯先生去世了，对此我很伤心。他是上帝忠实的子民，作为一位富翁，他非常善良，并乐善好施，他用自己辛苦赚到的钱，不断地拯救了那些在贫困边缘苦苦挣扎的同胞。他的仁爱和无私，一定会得到上帝的褒奖。

与高尚的人为伍，也是一种福气。我能拥有查尔斯先生这样的生意伙伴，是我一生的荣耀。当然了，他的谨小慎微也经常引发我们的争执，但我仍然尊重他。失去了对高尚者的尊重，就等于丧失了我们做人的尊严。

以前，公司领导者们经常在一起共进午餐。尽管当时我是公司一把手，可每次吃饭的时候，我都会把最核心的位子留给他，这是我对他正直人品表达敬意的一种方式。这的确算不了什么，因为高尚的品德本来就应该受到世人尊敬。虽然对整体来说，这只是一个小细节，但这个细节却可能会对整个公司的运营产生影响，进而影响到公司的效益。

🔊 与高尚者和优秀者交朋友

大圣人孔子曾经说过："不要和比自己差的人交朋友。"指出了环境对一个人的影响。一般来说，和品德高尚的人为伍，我们也会变得高尚起来；和优秀的人为伍，我们也会变得优秀起来。你想让自己高尚和优秀起来吗？那就让我们多与高尚者和优秀者交朋友吧！

实际上，标准石油公司的管理者们都是品德高尚的人，这一点我们都很清楚，所以我们能互相尊重，彼此信任，团结一致地奋斗。所以，即便我们出现了意见分歧，我们也能就事论事地直言不讳，而从不挑拨离间，尔虞我诈。在这种环境中，即便有人会有不正当心思，他也会把那种心思深埋在心底。

正是这一点让我们公司变得强大起来，让对手望而却步。但是比这更重要的则是我们的精诚协作。在这方面做得最好的就是查尔斯先生。

在一次董事会上，我倡议大家："我们是一个整体，荣辱与共，只有大家都坚强起来，才能撑起我们共同的事业。所以，从今天起，大家不要再说我应该做什么了，而要说我们应该做什么。时刻牢记，我们是一家人，不管做什么事，都是为了我们大家共同的利益！"

查尔斯先生被我的话深深感动，他第一个站起来支持我："先生们，我明白了约翰的意思，他是在告诉我们，'我们'比'我'更强大，更重要，因为我们是一家人！是的，就应该说'我们'！"

就在那一刻，我看到了公司的希望，因为我们都意识到"我们"的重要，并开始忠于"我们"。要知道，人的本性都是自私的，他们的心里只有"我"，他们只知道忠于自己。而现在，"我们"取代了"我"的位置，它将焕发出巨大的力量。我所以能取得骄人的成就，就在于我善于经营人。

🔊 "我们"比"我"更强大

俗话说："一根筷子容易折，一把筷子难折断。"意思是说，集体力量大于个人力量。在一个集体中，如果每个人都在打自己的小算盘，那这个集体和一盘散沙没什么区别，可如果大家齐心协力，拧成一股绳，就会像捆绑在一起的一把筷子，变得强硬起来。

我和查尔斯先生都是虔诚的基督信徒，有着共同的宗教信仰。查尔斯先生信奉一句名言："珍惜时间与金钱。"我也喜欢这句话，在我看来，这句话蕴含了伟大的智慧。应该有很多人都喜欢这句话，但却很少有人将其变为自己的人生信条和价值观念，更别说奉行了。

的确，不管一个人积攒下多少美妙的格言，也不管他的思想水平有多高，假如他不能抓住每一个机会去行动，他的性格也不会得到良好熏陶，再美好的设想也会变成海市蜃楼。

大家都知道，幸福生活的构筑与实现，必须以善于利用时间为前提。但是，许多人却将时间视为敌人，他们肆意挥霍和消磨，但假如有人抢走了他们的时间，他们又会暴跳如雷，因为他们也知道，时间就是金钱，时间就是生命。但很遗憾，他们就是不知道该如何有效地利用时间。

事实上，这可比哥伦布发现美洲大陆要简单多了，只要我们计划好每一天、每一刻应该想什么、应该做什么就可以。根据每天的情况变化制订相应的、切实可行的计划。但是，一份完美计划的制订，必须先要清楚自己想要什么，然后再确定实施的手段，并监督实施的过程。一项计划，必须能付诸实施，能产生结果才是有价值的。除此之外，创造力、自动自发的做事精神，坚定的信念，也会将不可能化为可能，所以，计划真正实施的时候，也不要让自己囿于已经制订的计划。

要知道，每一时刻都至关重要，每一次做出的决定都可能影响我们的人生，所以，下决心也不能盲目。下决心必须谨慎，在重要问题面前，如果我们没考虑好最后一步，就不要轻易踏出第一步。要知道，思考的时间有的是，行动的时间也一定有，要有制订成熟计划的耐心。计划一旦做出了，就要坚决、忠实地去执行了。

◀)) 珍惜时间

感受钟表嘀嘀嗒嗒的同时，你是否感觉到了时间的紧迫？是啊，一寸光阴一寸金，寸金难买寸光阴，时间对我们来说是多么的宝贵，为了不让自己虚度光阴，我们一定要珍惜时间，计划好每一天、每一刻要做的事情，让我们的人生变得充实和有意义起来。

查尔斯先生的致富格言是：发财永远不会让你破产。在一次共进午餐时，查尔斯先生充满激情地做了一次演讲，在演讲中，他公布了自己的赚钱哲学，他告诉我们，世界上有两种人永远不会发财，他的话至今仍激励着我们每一个人：

第一种人：及时行乐的人。他们过着光鲜的日子，对奢侈品充满了浓厚的兴趣，他们挥金如土，一直在竭尽所能地购买精美华丽的服装、高档的汽车、豪华的住宅、价格昂贵的艺术品。这种生活的确很诱人，但却失去了理性，这种做法，无疑是在给自己寻找负债的机会，他们许多人过着房奴、车奴的生活，而一旦破产，他们就全完了。

第二种人：喜欢存钱的人。在他们看来，把钱存在银行里最保险。但这样做，其实和把钱冷冻起来没什么区别，要知道，靠利息是发不了财的。

但有一种人却一定能发财，比如在座诸位，大家不是在寻求花钱的方法，而是在寻求各种可能的投资途径，因为我们都知道，金钱可以用来滋生更多的金钱，如果我们把钱用来投资，就可以创造更多的财富。但需要强调一点的是，投资有道，要让每一分钱都能带来效益。这也是约翰一贯的经常原则：要让每一分钱都物有所值！

🔊 珍惜每一分钱

　　相信许多人的脑海中都有"勤俭节约"这个词，他们也的确在千方百计地节省开支，可是，这只是珍惜金钱的一个方面。珍惜金钱的另一个方面，也是一个很重要的方面，就是让每一分钱都能为我们滋生金钱。这就涉及一个投资的问题。

　　查尔斯先生的演讲刚一结束，现场就响起了热烈的掌声。我也激动地用力鼓起掌来，但是用力太大了，以致饭后很长时间我的双手都在隐隐作痛。

　　可是现在，我再也听不到那样的掌声了，也没有了那么用力鼓掌的机会。但"珍惜时间与金钱"这句话我却一直牢记在心。浪费时间就是在浪费生命，就是在作践自己，世界上没有比这更悲哀的了，更何况，我也没有理由作践自己。我也从来不把安逸和享乐作为自己的人生目标，因为在我看来，那是猪的目标。

爱你的父亲

智慧启迪

　　你是不是已经在银行存下了一笔数目不少的压岁钱？读了上面的文字，你还想让你手里的钱冷冻在银行吗？当然不能！即便我们还是学生，我们也仍然可以想办法让手里的钱转起来，让每一分钱都去为我们滋生更多的钱。如果你留心一下就会发现，许多银行都针对学生的压岁钱推出了一些理财产品，我们不妨考虑一下。当然了，如果你能想出更好的投资渠道那就再好不过了。这样的话，说不定等我们上大学的时候，自己就能解决学费问题呢！

34 别荒芜了我们的精神家园：
不断充实和净化自己的心灵

小约翰的心声：爸爸，最近我发现，工作几乎占据了我大部分的时间，我已经有好长时间没有读书了。之前您给我推荐的那几本书，每次阅读之后我都感觉精力十足，偶尔遇到一些困难，也都被我轻而易举地化解了，一些挫折也不再被我当回事。可是最近，我又在生意上遭遇一次失败，要在以前，我根本就不当回事，但这次却差点让我走不出来。我这才想起自己已经很长时间没有读书了。亲爱的爸爸，您说，读书给人的力量怎么会这么大？

亲爱的约翰：

身体的健康需要食物来保证，同样，精神的健康也需要精神食粮来供给。但许多人却以没有时间为借口，让自己的心灵长期忍饥挨饿，只是偶尔想起来才充实一下，但却从来没有忘记过满足自己胃部的需求。

我的看法似乎有点悲观，但我们的确处于无限满足胃部需求，却无视心灵需求的时代。我们经常会听到有人说："哎呀，不吃午餐怎么行？"却从来也听不到："我上次满足精神需求是什么时候？"难道我们都没有心灵饥渴的时候吗？当然不是！

在我们周围，许多人都存在精神饥渴。看看那些精神沮丧、情绪消极、有挫折感、神情忧郁的人，我们就会知道，精神的滋润对他们是多么重要啊，可是，他们却宁可让心灵继续忍饥挨饿，也不愿意去充实它。

◀))) 你的精神饥渴吗

喜欢抱怨，神情忧郁，精神沮丧，情绪消极，难以忍受挫折与失败，无法忍受别人比自己强大、仇恨和报复心理……对比一下，你有这些症状吗？有的话，说明你有精神饥渴症，那就赶紧去读书吧！

如果心灵的空虚可以像空空的肚子一样，需要填充一些食物才能让人产生满足感，那该多好啊。可事实并非如此，人们经常要让心灵忍受空虚的惩罚。

心灵是我们成长的家园，在它的抚育下，我们会变得或好或坏。因为任何一件进入这个家园的东西，都会被作为一件有效的东西加以创造，为我们的未来做准备，或者产生破坏性的结果，降低我们可能获得的生命成就。比如积极的心态。

每一个正在攀登高峰或快要到达高峰的人物都是积极行动者。因为他们总是定期地用积极、优良、纯洁、坚定的精神食粮去充实自己的心灵，所以他们能始终保持积极的心态。他们懂得精神食粮的重要性，所以每天都不忘充实自己的心灵。他们知道，如果能保证精神的充实，胃部的需求就永远也不用愁，甚至也不用发愁自己的养老问题。

要想不让自己四处流浪或沦为乞丐，必须找到自己的家园。首先，永远不要出卖你的心灵，即便要卖，也要卖给自己，必须学会悦纳自己。你要相信，上帝创造人类，就是以自己的心意为标准的，所以，人类的地位仅次于天使。上帝不会创造没用的人，也不会在表面上设置任何限制，更不会忽略任何一个人。其次，我们一定要有积极的人生态度。

◀))) 悦纳自己

任何事物都有它存在的原因，同样，作为一个人，虽然我们都够完美，但我们也都有自己的优势，我们都是这个世界上独一无二的。所以，必须学会悦纳自己，因为，只有自己接受了自己，别人才可能会接受你。

卡尔·荣格先生是一位著名心理学家。两年前，我们曾经有过一次不期而遇，他当时给我讲了一个故事：

在一次大洪水中，有个人被困住了，他不得不爬上房顶躲避这场灾难。一位邻居游过来说："约翰，这次洪水真是吓人，是不是？"

约翰回答道："没有啊，它也给我带来了好处。"

听到这话，邻居很惊讶，他反驳说："你怎么会有这样的想法？你的鸡舍已经被洪水冲走了！"

约翰说："没错！但是半年以前，我已经开始养鸭了，现在，它们不是正在那边游泳吗？我也没有什么损失呀！"

"可是，约翰，你的庄稼全被这场洪水给毁了！"邻居继续说。

约翰回答说："不是这样的。我的庄稼正严重缺水，就在前几天还有人告诉我，我得赶紧给庄稼浇水，这下，老天全把问题给我解决了！"

望着满脸微笑的约翰，那位悲观的邻居又对他说："可是，约翰，洪水还在上涨，你看，很快就要漫过你的窗户了！"

约翰高兴地说："太好了！我的窗户也的确该清洗一下了！"

这个故事听起来一点也不真实，但却体现了一种境界——即便这个世界再纷繁复杂，即便这个世界再起伏变化，都要用积极的态度面对一切。有这种境界的人，即便面对多么消极的情况，他都能做出积极的反应。可是，要想达到这种境界，就必须不断充实和净化我们的心灵。

◀)) 养成积极乐观的心态

一个积极乐观的人，即便他的遭遇再不幸，他也总能看到对自己有利的一面。失去一条胳膊的人，他庆幸自己还有另一条胳膊；失去双臂的人，庆幸自己还有双腿；失去双臂和双腿的人，庆幸自己还有健全的大脑。这一点，你能做到吗？

每个人都是可变的。就像荣格先生所说，只要将一个人观念中的部分词汇改变，就能改变他的收入、他的生活方式，甚至改写他的人生。

比如，我们可以把"恨"字从自己所有的词汇中移去，并代之以"爱"字。当然了，可以移去或取代的词还有很多很多，但在这个过程中，我们的心灵会变得更加纯净和积极起来。

心灵的行动取决于我们供给它的食物，可以说，选择什么样的精神食粮对我们的未来至关重要。所以这里有个很关键的问题：在什么时间、用什么东西去喂养我们的心灵？

伐木者如果不抽时间磨利他的斧头，即便他再卖力地工作，也难以阻挡他产量下降的趋势。在我们花钱、花时间修饰头脑的外表时（比如刮胡子、理头发），不妨花点时间和精力去修饰一下我们头脑的内部。这一点，应该很容易做到。

实际上，精神食粮很容易获得，比如随处可见的书籍。那些在历史长河中积淀下来的书籍，每一本都可以用来洗涤和充实我们的心灵，我们可以从中任意挑选自己想要的，用来作为自己人生的指路灯。好的书籍就像一位伟大的心灵魔术师，让我们在阅读的同时，心灵也得以重塑。让我们从中学习其中的聪明与谦逊吧！

当然，对于那些文字商人们的书，我们要尽量远离。因为他们为了赚钱，一直在教人一些旁门左道的东西，书中也是错误百出，还有一些自负者的长篇大论。总体来说，那些书就像瘟疫一样，只配那些浅薄无知和庸俗者作为消遣。我们应该阅读那些能够给予我们的行动信念和力量的书，能够引领我们到达另一个人生高度，塑造我们良好品德的书。比如《奋力向前》一书。

🔊 远离垃圾思想

路边老太太之间斤斤计较的对骂、一些无知者粗俗的言语、网页上随时跳出的黄色图片、充满暴力的动画、路边小书贩手里的低俗读物，这些，不仅不会对我们的心灵建设起到正面作用，甚至还可能把我们引入歧途，所以，我们一定要远离这些垃圾思想。

这是一部伟大的著作，在阅读的过程中，我们的心灵会受到前所未有的激荡，我们的生命激情也会被调动起来。我相信，任何一个阅读它的美国人都会得到它的恩惠，并调动自身的全部力量，以最积极的方式朝自己的人生理想迈进。错过它，很可能就错过了成就伟大人生的机会。我希望我的后代都能阅读此书，它能为你们开启幸福的快乐之门。

定期滋养和强化可以让我们动力变得越来越强大，这是引领我们攀登高峰的重要力量。许多成功人士都知道，高峰的发展空间很多，但却几乎没有供我们坐下来休息的地方。因为他们知道，心灵和身体一样，必须定期补充营养，身体与精神的营养缺一不可。

亲爱的儿子，没有人可以阻挡你回家的脚步，除非你不想回去。在我们前进的道路上，别忘了点亮心灵之光。

爱你的父亲

学习、学习，无休止地学习，是不是让你感到厌烦？可是，在与一些没有文化又眼光短浅的无知者聊天之后，你又有一种瞧不起他们的感觉。也许你还没有意识到，让你感到厌烦至极的学习，已经在不知不觉中提升了你的高度。如果你没有学习，你和他们也没有区别。另一种情况是，和一些上大学的大哥哥、大姐姐聊天时，你又有一种自愧不如的感觉。两种截然不同的感觉，其实都源于一点：读书的多寡。所以，你应该为你现在能天天读书感到庆幸，因为你没有出现心灵饥渴的症状。

35 你就是你最大的资本：
成功的种子就在我们身边

> 小约翰的心声：亲爱的爸爸，我终于走出了学校的大门，从此，我可以为自己的梦想而奋斗了！可是，当我真的想做点什么时，却突然发现，自己手里没有资金。我向您借，您却向我要利息，而且，比银行的利息一点也不低。我不甘心让自己的梦想在现实面前破灭，可我真的向您借钱了，我又担心自己承受不住风险。亲爱的爸爸，我现在真是左右为难！

亲爱的约翰：

　　昨天我收到一个年轻人的来信，他在信中对我说，他立志要成为一位有钱人，可是于里缺乏资金，所以恳请我帮他指条明路。

　　天哪！他这是要我给他的人生指明方向！可我却不擅长给人上课，但他的诚恳又让我不忍拒绝，真叫我左右为难！但我还是给他回了封信，我告诉他：创业不仅需要资金，更需要常识。对你来说，常识比资金更迫切！

　　许多寒门子弟在创世之初，都会为缺乏资金而苦恼。要是他们再对失败抱有恐惧心理，他们就会变得犹豫不决，前进的速度会因此放慢很多，甚至开始止步不前，真到了这种程度，他们将永无出头之日！所以在回信中，我特别提醒那个年轻人：

　　"发财的路永远都是畅通的，可关键是你要始终坚信：你就是你最大的资本。你要不断坚定自己的信念，弄清自己为什么会犹豫不决，直到信念完全取代了犹豫。要知道，自己不相信，就永远也做不到。信念是引领我们不断前进的动力。"

🔊 你就是你最大的资本

不要总是怨恨自己没有出生在有钱人家，其实你已经很富有了。不信？那么，把你的双眼给我，要多少钱我都给你。或者，把你的双手或双脚给我也行。再不行，把你的健康给我也行。无论哪个条件，你肯定都不会同意，那么，你意识到自己的富有了吗？

要想成功就必须认识到：成功的种子就在我们身边。只有这样，他才能获得自己想要的东西。在信中，我给那个年轻人讲了一个阿拉伯人的故事，我相信这个故事一定会对他甚至更多的人产生帮助。故事是这样的：

从前有个名叫阿尔·哈菲德的波斯人，他在印度河附近拥有一大片兰花园、几百亩良田和一片茂盛的园林。他觉得自己已经很富有了，所以很知足。可是有一天，一位老和尚来访，他们坐在炉火边聊天时，老和尚告诉他："你现在的生活的确很安逸，可是，你要是能有一捧钻石，你就可以买下全国的土地。你要是能拥有一座钻石矿，你就可以将你的儿子送上王位！"

这段极具煽动性的话让哈菲德动心了。那天晚上，他突然觉得自己变成了一个穷人——他的贪心让他觉得自己很穷，他开始变得不再知足起来。他想："我一定要拥有一座钻石矿！"那天晚上，他在床上翻来覆去，一夜都没睡着。第二天天不亮他就从床上爬起来，去找那位老和尚了。

🔊 贫穷与富有，全在一念之间

许多人很有钱，但却很贫穷；许多人没多少钱，但却很富有。这是怎么回事？难道是我们的观念有误？当然不是！有钱人因为贪心永不知足，在他看来，自己很贫穷。而有些没多少钱的人却很容易知足，在他们看来，自己已经很富有了。这都是心态使然。

这么早就被人吵醒，老和尚很不高兴。但哈菲德才不管这些，他硬是把老和尚从睡梦中摇醒了，他问老和尚："快告诉我，什么地方可以找到钻石？"

"钻石？你找钻石干什么？"老和尚一脸疑惑地问。

"我想要变得富有起来"哈菲德说，"快告诉我，什么地方可以找到钻石？"

老和尚这才明白是怎么回事。他告诉哈菲德："你去山上寻找，看哪条河在白沙上穿行，沙子里一定有钻石！"

"真的吗？真的有这样的河吗？"

"当然有了，很多呢！只要你去找，一定能找到！"

"我当然会了！"哈菲德说。

接着，哈菲德卖掉了农场，收回了借款，把房子委托给管家照看，就踏上了寻找钻石的路。

哈菲德先是到月光山区寻找，又去巴勒斯坦，然后又跑遍了整个欧洲，到了最后，他把身上的钱全花光了，此时，他变得像乞丐一样。站在西班牙巴塞罗那海边，看着汹涌的浪涛，他想起了自己坎坷的经历，他觉得自己实在是可怜，于是，在又一个浪头扑来时，他纵身一跳，结束了自己的生命。

哈菲德死后，他的财产被另一个人继承。有一天，哈菲德的财产继承者牵着骆驼去花园喝水，就在骆驼低头饮水的那一刹那，这位财产继承人突然惊异地发现，在浅浅的河水下面有一层白沙，白沙上正闪烁出如彩虹般奇异的光芒。他好奇地伸手去摸，从河水中拾起一块黑色的石头，刚才的光芒就是从那上面发出的。他把这块特殊的石头拿进房间，放在了壁炉旁的架子上，又继续忙自己的工作了，他很快就忘了这块石头。

过了几天，那个告诉哈菲德在什么地方可以找到钻石的老和尚又来了。他一走进房间，就被架子上那块特殊的石头吸引住了，他欣喜地跑过去："呀！钻石！哈菲德回来了吗？"

"没有，他还没回来。那只是一块石头，不是钻石，是我在后花园捡回来的。"年轻人说。

"小伙子，你发财了！我认识钻石，这的确是一颗钻石！"老和尚高兴地说。

于是，老和尚在年轻人的带领下来到后花园，他用手去捞河底的白沙，很快就发现了一颗比房间里那颗钻石更漂亮、更耀眼的钻石！

这就是印度戈尔康达钻石矿的发现经过。这座钻石矿是人类历史上最大的一座钻石矿，其价值远远超过了南非的金百利。就连英王皇冠上那颗库伊努尔大钻石，以及俄皇王冠上那颗全世界最大的钻石，都出自这座钻石矿。

亲爱的儿子，每当我想起这个故事，就不免为阿尔·哈菲德感到惋惜，如果他不是努力去外地寻找，而是留在家乡，在自己的田地和花园里挖掘，他就不会沦落到身无分文的地步，也就不会有后来的跳海自杀了。因为，他本来就拥有一座大钻石矿。

并不是每个故事都能给我们启迪，但这个阿拉伯人的故事却让我感受颇深。寻找钻石，不需要去遥远的高山与大海，只要用心挖掘，在你的后院就能找到。关键是你要相信自己。

🔊 钻石就在你家后院

> 你是不是经常羡慕别人所拥有的，却在感叹自己拥有的太少或不如人家？你是不是认为自己换个环境一定可以做得更好，可如果真的给你换个环境，你可能会更加失望。别总是这山望着那山高，因为成功的种子就在你身边，钻石就在你家后院。

每个人都有自己的理想，这也是我们努力和奋斗的方向。在我看来，不相信自己就和盗贼一样，因为不相信自己，就不会充分发挥自己的潜能，这等于是在变相向自己盗窃。而且在这个过程中，因为效率降低，也相当于他在从社会上盗窃。因为谁也不会故意盗窃自己的东西，所以他们的盗窃其实是无意的，但这种罪过仍然很大，因为这样造成的损失，并不比故意盗窃小。

必须戒除向自己盗窃的行为，只有这样，我们才能继续攀登高峰。我希望那个向我请教发财秘诀的年轻人，可以领悟出其中的教诲。

爱你的父亲

你想学习绘画，可家里的条件实在有限，爸爸妈妈没有多余的钱给你报绘画班，可你真不想放弃自己的爱好，为此你很苦恼是不是？那就记住洛克菲勒老师给我们的话："你就是你最大的资本！"既然真的想学，那就发挥自己的全部才智，想方设法地克服困难。我国古代大画家王冕，小时候不也是穷得不得了吗？他只上了三年学，就被迫辍学，一边给人家放牛一边继续设法读书，在这个过程中，他还通过临摹河里的荷花学会了绘画。所以，外界的条件并不能成为阻挡我们前进的理由。

36 甘做一粒盐：让我们的人生充实而富有意义

> 小约翰的心声：爸爸，自从我成为公司的一位高层领导以来，我就一直兢兢业业，总想早点做出一番成就。工夫不负有心人，在我的带领下，我所负责的部门，研发出许多新的产品，为公司带来了更高的效益，在这个过程中，我也获得了许多荣耀。每一次站在公司的领奖台上，我都感觉好有成就感！亲爱的爸爸，您也一定为我感到高兴吧？

亲爱的约翰：

《马太福音》中有这样一句话："你们是世上的盐。"

这是一个耐人寻味的比喻。盐可以让我们的饮食变得有滋有味，还具有清洁和防腐的效果。基督大概就是以此在教诲自己的门徒们，他们来到这个世界上，就是要起到净化社会、美化世界的效果，他们应该肩负起让世界免于堕落的使命，让这个世界随时保持新鲜、健康的生活气息。

盐的主要功能是增味，盐味象征崇高、力量和虔诚的基督生活。可是，我们应该如何利用自己的财富、自己的信仰去服务社会呢？答案就是，我们要像盐一样，用积极的态度去服务社会、造福人类。这也是我们唯一的社会责任。

我们的责任，就是要全身心地为人类、为世界作贡献，在我看来，这是一项伟大而崇高的事业。

甘做一粒盐

你以身作则不乱丢垃圾，是从外表在净化这个社会；你将微薄的压岁钱捐给家里穷得上不起学的弟弟妹妹，是从心灵和精神上净化这个社会，因为你的捐款，贫穷的弟弟妹妹们从此脱离了愚昧无知。只要你用心为这个社会作贡献了，你就是一粒盐。

说起伟大，我突然想起一篇演讲词，那篇演讲词给我了少有的震撼。它让我感觉到，人其实没什么了不起，但没有比人更了不起的了，关键是你为他人、为国家做了些什么。我现在把这篇演讲词抄给你，希望你能从中得到一些启发。演讲词是这样的：

女士们，先生们：

很荣幸可以在这里见到许多大人物！你们一定对我的话感到奇怪，认为咱们这个城市怎么会有大人物呢？大人物都是来自伦敦、旧金山、罗马或其他大城市呀，如果真的这么想，你们就大错特错了！因为我们这里的大人物并不比其他城市少，在座诸位中就有许多大人物。

通常情况下，我们在判断一个人是不是大人物时，经常会错误地认为，大人物一定都有一间宽敞的办公室。在此请允许我大胆放言，许多人根本就搞不清什么样的人才算最伟大！

有些人或许会问了，那么，什么样的人才称得上伟大呢？让我来告诉你们，大人物不一定非得身居高位，不一定非得在某一座高楼大厦中拥有一间办公室，他之所以伟大，和他所处的职位无关，而在于他自身的价值！你敢说一位靠吃五谷杂粮才能生存的国王，比一位辛勤劳作的农夫更伟大吗？当然了，我们也不能因此责备那些身居高位便觉得自己将来一定会成为大人物的年轻人。

◀)) 伟人就在我们中间

我们总是用仰视的目光来看待伟人，认为他们都是高高在上。事实上，没有一个伟人是高高在上的！因为，任何一个脱离群众，要想通过孤军奋战来成就自己伟大的人，都是绝对不可能的！即便是一代伟人毛泽东，他不也是从农民、从一名普通士兵一步步走来吗？

现在我来问一下各位，你们有谁打算成为大人物吗？

那个戴牛仔帽的小伙子，你说总有一天，你会成为这个城市的大人物，是吗？

那你打算什么时候实现自己的心愿？

你说要是再爆发战争的话，你一定会冒着枪林弹雨冲在最前面，一把扯下敌人的旗帜。你会让自己的胸前挂满勋章凯旋，你还会获得政府的嘉奖，担任某一公职，你的人生将会变得很伟大！

要真这样想，你就错了！小伙子，这并不是真正意义上的伟大，但我无权责备你的想法，因为你从小就在接受这样的教育，许多大官们都曾经在战场上奋力拼杀。

当年，美西战争刚刚结束，这个城市举行了一次和平大游行。大家簇拥着一辆四轮马车前行，霍普森先生坐在车上。在马车经过布洛大街时，突然停在了我家门口。人们激动地挥舞着手帕，把帽子向空中抛去，大喊着："霍普森万岁！"我当时没有在场，可要是我在场的话，我一定也会像他们一样欢呼、叫喊，因为，他理应获得这份殊荣。

但是，假如我在一所大学问学生们："请告诉我，是谁把梅里马克号轮船击沉的？"他们一定会告诉我，是霍普森。这绝对是个谎言。因为，负责那次任务的一共有八个人，霍普森作为一名指挥官，始终在远离炮火，其他七个人，则始终暴露在西班牙的炮火之下。

亲爱的朋友们，今天来听讲的都是有文化的人，但我敢打赌，你们谁也说不出那七个人的名字！

◀))) **位卑者也有享受荣耀的权利** ·················

　　谁敢说另外七个击沉梅里马克号轮船的士兵不伟大？他们的名字之所以没有被载入史册，只是因为他们是士兵，他们不是那八个人中的代表，而霍普森则是。但一直恪尽职守、始终暴露在敌人炮火下的这七个士兵，无疑更有享受荣耀的权利。

我为什么要采取这种方式来讲授历史呢？因为我想告诉大家，不管你的职位多么低微，只要你恪尽职守，你就是一位伟大的人物，就理应得到和国王一样多的荣耀！

许多人在教导孩子时都有这样的经历，儿子问："妈妈，那栋建筑好漂亮啊，里面是什么啊？"

"那是格兰特将军的墓地。"

"格兰特将军是谁呀？"

"他是一位平定叛乱的大英雄。"

我们怎么可以这样教孩子历史呢？你们想想，要是只有格兰特将军一个人，他怎么可能打赢战争？当然不会了！那我们为什么还要给他在哈德逊河上建造一座墓地呢？这当然不是因为格兰特将军自己有多伟大，而是因为他是那场战争的代表，他代表了那次在战争中英勇捐躯的二十万将士，他们中的许多人，其实都和格兰特将军一样伟大。这就是为什么我们要在哈德逊河岸边建立一座美丽墓地的真正原因。

在我的记忆中，有一件事可以很好地说明这个问题。这事说来让我惭愧，我至今仍记忆犹新，闭上眼睛就能回到那个时代。那是1863年，在我的老家伯克郡山，牛市上、教堂里、市政厅，到处都挤满了人。

🔊 伟人只是众多伟人的代表 ······

我们在说起某位伟人时，往往会把他神化得无所不能，虽然他的组织和领导力不可小觑，但没有一个人可以托起一座大厦，他的成就离不开众人的支持，所以，伟人其实只是众多伟人的代表。

乐声悠扬，国旗飘飘，人们用力地挥舞着手帕。人们这是来迎接一队士兵的，迎面，一队士兵正列队走来。在那次内战中，他们刚刚服完一期兵役，因为需要，他们又要再延长一期了，此时，他们正受到老乡们的热烈欢迎。而当时我正是那队士兵们的连长。我趾高气扬地走在队伍前面，我的骄傲劲儿，就像一只吹足了气的气球，只要用针一扎，立马就会破裂。那一刻，我比任何时候、比任何一个人都要骄傲。

我们列队进入市政厅，被安排在大厅中央就座，而我则被安排在最前面。然后，市里的官员们也列队走了进来，他们在台上呈半圆形坐好，市长则坐在那个半圆形的最中央。他是一位头发花白的老人，之前从未担任过任何公职，在他看来，自己既然已经担任公职，自己就是一个大人物。所以，在他站起身的时候，他煞有介事地扶了一下自己的眼睛，然后架子十足地环视了 下台下的人们。突然，他的目光落在了我的身上，他走近我，邀请我上台和他们坐在一起。

天啊！要我和他们坐在一起！在我从军以前，从未引起过任何一位政府官员的注意。我在台上坐下，让身上的佩剑垂到地板上。我双手抱在胸前，等待大家的掌声，那一刻，我简直就是拿破仑五世！但骄傲总是会受到无情的打击！

接着，市长开始代表全市人民发表讲话，欢迎我们这批凯旋的士兵。他小心翼翼地从口袋里拿出演讲稿，又小心翼翼地在桌子上摊开，用手扶了一下眼镜。先是向后退了几步，然后又走上前，开始演讲起来。我猜他一定对演讲稿进行了仔细研究，因为他摆出了一副专业的演讲姿态，右脚微微前移，身体的重心则放在了左脚上，挺起胸膛，以45度角举起了演讲稿，开始演讲：

"亲爱的老乡们，我很高兴能作为代表，在这里欢迎这批英勇的、不怕流血牺牲的战士们回到他们的家乡。让我们感到无限荣幸的是，今天还有一位年轻的英雄（他边说边用手指了指我）和我们坐在一起……我能想象得出，这位年轻的英雄曾经怎样带领自己的部队，和敌人展开了殊死的搏斗。他手里的指挥刀，在阳光的照耀下，发出耀眼的光芒，他对自己的士兵们大声喊道：'冲啊！'"

天哪！这个好心的老头竟然对战争一无所知。只要他有一点战争常识，他就会知道，在危急关头，步兵军官不可能会冲在最前面。而在他的想象中，我竟然手举指挥刀，朝自己的士兵们大喊"冲啊"！天哪，我可从来没有这样做过。

🔊 别让现实葬送了你的骄傲

现实是一位很残酷的老师，如果你骄傲得过头了，他就会给你棒头一喝，让你及时警醒。就像上面这位演讲者一样，他以为自己真的很了不起，但那位市长的讲话却让他羞得抬不起头来，让他刚才的趾高气扬一下子烟消云散。

想象一下，要是我跑在最前面，不就处于敌方部队和自己部队的夹击中了吗？军官跑到那地方去，可是一个极端的错误。实际情况是，军官永远在士兵的后面，因为他是整个部队的首领，所以当叛军冲杀过来，我们抵挡不住时，我总是骑在马上，对我们的部队大喊："军官退后！军官退后！"很快，军官们就会退到后方。在这个过程中，军阶愈高，后退得就越远。这不是因为他缺乏勇气，而是战争规则就是这样的。假如一名军官跑到最前面，又不幸被打死了，那这次战争必输无疑，因为，只有他熟知整个作战计划，所以他必须永远处于绝对安全的位置。

而这个老头居然说我"手里的指挥刀，在阳光的照耀下，发出耀眼的光芒"。天哪！那天在座的士兵们，有人曾用生命来保护我，还有人在危急时刻，背着我横渡一条非常深的河流，当然，有些人没有在场，因为他们已经在那场战争中为国捐躯了。在这次演讲中，人们也曾提到他们，但他们并没有引起大家的注意。那些真正为国捐躯的人们没有引起大家的注意，倒是我被当成了那次战争中的英雄。

他们为什么会把我当成英雄？原因很简单，因为那位演讲者也犯了同样愚蠢的错误。因为我是军官，而其他人只是士兵。那次的教训让我终生难忘。一个人之所以伟大，不是因为他的官阶有多高，而是他能利用有限的资源，建立自己的人生伟业，他虽然默默无闻，却实现了自己的人生目标，而这才是真正的伟大！

一个人不管他做什么，为大家建立一条宽敞的街道，建造一座舒适的住宅、一所高雅的学校、一座庄严的教堂，或者给予人们真诚的训诫、真挚的祝福，只要他的行为能得到当地人们的赞赏，不管他身在何处，他都是伟大的。如果他得不到当地人们的赞赏，那他不管走到哪里，都不会变得伟大起来。

◀))) 每个人都可以成为大人物

不要再觉得伟大很遥远，不要再觉得自己与大人物无缘，只要你能从思想上、行动上严格要求自己，你照样可以取得一番成就，获得周围人的赞赏，而得到人们认可的人，无疑就是伟大的。

大家要知道，我们的生活应该在有意义的行动中度过，我们应该追求一种良好的感觉，而不是行尸走肉般的生活。我们应该随时保持思想的活力，在正确目标的指引下，争分夺秒地工作。

如果你没记住我今天说的话，那请你记住这句话：不断思考、有良好的感觉、作风正派，这样的人生才是最充实、最有意义的！

爱你的父亲

你是不是还在梦想自己有朝一日可以成为大人物，名垂千古，甚至被立碑立传？读了上面的文字，你有何感想？是继续追求自己的名声，还是追求对人类有所贡献？或许你的观念应该改变一下了。我们不妨也让自己变成一粒盐，努力为周围的人、为自己的同胞、为整个社会做点什么，让自己的人生变得充实而有意义起来。

37 财富就是一种责任：国难面前要挺身而出

> ○ 小约翰的心声：爸爸，在这次经济危机中，我以您为榜样，把自己将近一半证券贡献了出去，可是，我心里总有些不服气。罗斯福那么对待我们，他甚至想解散我们的公司，我们竟然还拿钱去解救他们，去帮他们维持信用！亲爱的爸爸，我实在有点搞不懂，您为什么要这么做啊？

亲爱的约翰：

这场差点给国家带来毁灭性打击的灾难终于过去了！我也终于松了口气！

现在，我们的总统西奥多·罗斯福先生终于可以高枕无忧了，但他在这次灾难中表现的无能实在叫人吃惊。当然了，他也不是什么也没做，他用他的"担忧"支持了华尔街。天哪！人们真是瞎了眼，怎么把这么个家伙送进了白宫？

说实话，一想起西奥多·罗斯福这个人，以及他对标准石油公司的所作所为，我就非常气愤。我从来没见过像他那样眼光短浅、报复心那么强的小人。没错，他得逞了，他利用自己手中的大权，在一场由他亲手策划的不公平的竞争中获得了胜利，他命令联邦法院对我们开出了一

179

张史无前例的巨额罚单，并下令解散我们的公司。看看，这个卑鄙的小人就是这么对待我们的。

但我始终相信，他的行为一定不会得逞，他最后一定会非常懊恼，因为我相信，我们的公司非常优秀，我们杰出的管理团队、充足的资金，一定可以扛得住任何打击，抵御任何风险，不仅如此，我们还会赢得滚滚而来的财富。等着瞧，我们一定会有成功的时刻！

◀)) 卑鄙者终会失败

即便你比别人拥有再多的优势，你也不能违背公平、公正的法则，否则，你就是一个卑鄙的小人。看看我们身边那些利用手中权力贪污腐败、胡作非为的人，哪个有好下场？所以，永远不要抱着侥幸心理，因为历史是最公正的法官，卑鄙者总有失败的那一天。

但我们的确很受伤，因为极度不公平的待遇。罗斯福说我们是拥有巨额财富的恶魔，那位法官大人还污蔑我们是臭名远扬的盗贼，似乎我们的财富都是通过阴谋诡计从他人那儿掠夺来的。真是愚蠢透顶！那帮家伙根本就不知道建立一家大企业的艰辛，我们的每一分钱都浸透了我们的汗水，凝聚着我们的智慧，这座事业大厦是我们以生命为基石建造起来的。他们根本就不听我们解释，却一味偏执地认为，自己的判断没错，他们用自己的弱智侮辱和贬低我们的才能，对我们给全国人民提供的最廉价、最优质的煤油一事置之不理。

罗斯福拒绝了与我们的和谈，他挥舞手中的长剑，一定要有所斩获。但我们不怕，因为我们问心无愧，最不济的结果也就是他利用手中的强权把我们辉煌而快乐的大家庭拆散，但他不会得逞，因为事实将证明一切。

是的，因为罗斯福政府，我们正遭受着前所未有的迫害；但我们没有冲动，我们用理智克制了愤怒，国家正深陷危机，我们必须挺身而出，袖手旁观只会让我们感到可耻和良心不安。作为合众国的公民，我们有责任让国家和同胞免于灾难。作为一位有钱人，我知道，巨额财富本身就意味着巨大的责任，我必须肩负起造福人类的使命。

))) 财富本身就意味着责任

　　企业财富的获得，离不开人们的支持与购买，所以，他们的财富都是取之于民。而当祖国和同胞面临危难时，他们也理应伸出援助之手，将取之于民的财富再用之于民，这样才合乎常理。所以，财富本身也就意味着一种责任。

　　在金融危机到来之际，处于恐慌中的人们，纷纷去银行排队，他们要取出自己在银行中所有存款，于是出现了挤兑现象。眼看美国经济就要面临大萧条的危险，国家正陷入双重危机：政府资金匮乏，民众信心不足。此时，作为有钱人，我们应该做点什么了。我给斯通先生打电话，告诉他，让美联社向美国民众转告我的话：请相信国家信用，金融界都是有胆有识的人，他们视信用为生命，如果需要，我愿意贡献出一半的证券来帮助国家维持信用。请大家相信我，金融领域不可能发生地震！

　　谢天谢地，危机终于过去了，华尔街也重新步入正轨。

　　但为了这一时刻的到来，我做了自己力所能及的事。所以，《华尔街日报》这样评论我："洛克菲勒先生用他强有力的声音和巨额资金帮助华尔街渡过了危机。"但没有人知道，为了克服这次危机，我拿出了比其他人多得多的钱，这一点让我感到非常自豪。

　　当然了，在这次挽救华尔街信用的过程中，摩根先生立下了卓越功勋。在这次金融战中，他将一群商业精英们聚集起来，以其果决个性和无与伦比的金融才能，完成了一位出色指挥官的职责。所以，全美国人民都应该对他充满感激，西奥多·罗斯福总统尤其应该感激他，因为他无法完成自己分内的事，而摩根却替他完成了。

　　如今，许多人、许多报纸都在对我们当初的慷慨解囊赞誉有加，可我更在意的却是良心的平静。在国家面临灾难之际，我们理应义不容辞地担当起自己的责任。我想，其他人的想法应该跟我一样，大家都是在尽自己的力拯救祖国于危难。

🔊 良心的平静更重要

没有人会嫌弃妈妈的丑陋，也没有人会对妈妈的打骂心存怨恨，不仅如此，等他们老了之后，我们还会义不容辞地承担起赡养她的义务。同样，不管祖国怎样对待我们，她也是我们的祖国，在祖国需要时，不要在乎其他人说什么、做什么，因为，良心的平静才更重要！

当然了，我也不是没有可耻的经历。46年前，国家为解放黑奴、维护国家统一而爆发了一场内战，许多美国青年响应国家号召，纷纷奔赴前线，可当时我的公司才刚刚开业，一大家子人需要靠它养活，我就以此为由，一直远离战场。

在国家需要我，需要我流血的时候，我却找了这么个自欺欺人的理由。这件事一直让我耿耿于怀，直到10几年前国家爆发那次经济危机的时候，我才终于得到一个救赎自我的机会。当时，联邦政府因为黄金储备不足，只好向摩根先生求助，但摩根也爱莫能助，在危机时刻，是我拿出一大笔钱把政府从恐慌之中挽救出来。这事让我非常高兴，那种喜悦是赚多少钱都不能换来的。

但我从来没把自己当成一位救世主，更没有自命不凡，因为有钱而自命不凡，那是愚蠢者的行为，而我是国家公民。我知道，我在拥有巨额财富的同时，也承担起了巨大责任，按照国家需要为祖国作贡献，这是一项比拥有巨额财富更崇高的事业。

🔊 把钱花在更有意义的地方

我们提倡节约，不是为了不吃不喝地委屈自己，也不是想靠存钱变成富翁，而是为了把钱花在更有意义的地方。从现在起，当你面对各种欲望的时候，不妨理直气壮地对自己说："我不是买不起，而是为了把钱花在更有意义的地方！"

亲爱的儿子，你要记住，虽然我们有钱，但不管在什么时候，我们都不应该肆意挥霍，而应该把钱花在有意义的地方，而对于那些抱有私心的人，我们绝对不能给予他们一点点好处。当然了，我们也绝对不会再给共和党人捐款助选，西奥多·罗斯福已经把我们害得够惨了。

名誉和美德是心灵的外衣，失去了它们，再美的肉体也不叫美。

爱你的父亲

古语有云："天下兴亡，匹夫有责。"国家的兴衰与个人息息相关，国家兴旺，百业才能兴旺；国家强大，个人才能强大。

春秋时候，秦兵准备对郑国发动袭击。当秦军到达距离郑国80余里的滑国时，忽然有人拦住去路，说是郑国派来的犒劳秦师的使者。来的人是一个商人，名叫弦高，他本打算赶着牛群去洛阳经商，却遇到了来袭的秦军，于是急中生智，一面冒充使者，以自己所带的四张皮革和12头牛犒劳秦军，一面急忙派人回郑国禀告。秦兵视以为郑国早已有所准备，灭掉滑国后就匆匆撤军，郑国因此避免了一场大灾难。弦高虽然只是一个商人，但没有忘记自己的责任，当看到国家遭受危难之时，勇敢地贡献出自己的力量，解救了郑国。

38 尾声只是开始：让成功像滚雪球一样壮大

小约翰的心声：亲爱的爸爸，在您的感召下，我也让自己变得贪心起来，我要超过世界上所有人，甚至您，让自己变成世界上最富有的人！可是我奋斗了好长时间，别说是世界富豪榜，就是在美国富豪榜上，我也是排在最后几位。亲爱的爸爸，望着遥不可及的目标，我不知道要不要修改自己的目标，要不要再继续坚持下去。亲爱的爸爸，您能给我点建议吗？

亲爱的约翰：

安德鲁·卡内基先生又在报纸上露面了。我真是搞不懂，他怎么总喜欢抛头露面？我想，他一定是患了恐惧遗忘症，担心人们把他给忘了。

尽管这家伙爱跟我抢风头，但我还是很喜欢他，因为他勤奋，充满野心，似乎永远不知疲倦，他总是一往无前。或许正是这个原因吧，当有人向他请教成功的秘诀时，他回答说："尾声只是开始。"

真让人难以想象，这个铁匠竟然能说出这么精辟的话！我相信，这段简短的话语，很快就会传播开来，他也一定会博得一个商界哲学家的头衔。事实上，他也的确当得起这个头衔，能把自己的成功人生浓缩成这么简短的一句话，本身就体现了他杰出的商业智慧。

但卡内基只是给了我们一个成功的公式，却没有告诉我们这是如何演算来的。看来这家伙还是有点自私，他生怕人们窥破了他成功的秘密。在这里，我试着给你解一下这个公式，但你可千万别告诉别人哦！要是他知道是我泄露了他的秘密，他一定会在圣诞节给我送来威士忌和雪茄，这家伙，他知道我滴酒不沾，也知道我不吸烟。

"尾声只是开始"，我觉得这个铁匠在试图告诉我们，成功需要不断繁衍。这就好比一头母牛，刚生下一只牛崽，马上又怀上了另一只，就这样无休无止。尾声只是一段路程的最后一站，但同时也是新征程的开始。任何一个人的伟大成就，都是由一个个小成功积累起来的，尾声只是一个梦想的实现，又是另一个梦想的开始，要想成就伟大人生，必须有这种品质。

📢 成功是一个不断繁衍的过程

任何高楼大厦的建立，都需要一砖一瓦、一层一层地垒建，一层建好了，我们又要立刻开始第二层、第三层，直到高楼大厦完全建好。在这个过程中，我们的成功会越来越壮大，离最后的成功也会越来越近。我们追求成功也是如此，一点小小的成功不值得我们沾沾自喜，因为我们还没有实现最后的成功。

但是，新的梦想怎么开始呢？卡内基没说，但这的确很关键，它关系到我们能否顺利到达最后一站，又关系到下一个梦想的开始。其实也不难，只要你从一开始就始终掌握绝对的优势。经验告诉我，三种策略会让我拥有绝对的优势。

第一种策略：关注市场状况和对手的资源。只有知己知彼才能百战不殆。在涉足一项新的事业之前，一定要先弄清自己需要什么资源，自己需要的资源在哪里可以得到，需要多少，而不是立刻采取行动。

我从一开始就努力预测可能会出现的机会，而当机会真的出现时，我立刻会像一头饥饿的狮子一样猛扑过去。我还知道，优秀是优秀的敌人。许多人为了追求优秀，总是会放弃一些好的东西，这可不是聪明人的做法，因为好总比不好强。现实总是不尽如人意，所以，机会经常不是特别理想，但这也总比没有机会强吧？

📢 **优秀是优秀的敌人**

你想找一片天底下最漂亮的树叶，可找来找去，你却发现每片树叶都存在这样或那样的瑕疵！这就是现实。追求完美没有错，但如果对机会也要讲究完美，那你就只能在无尽的等待与追求中，丧失一次又一次的机会。所以，别让追求完美成为完美自我的绊脚石。

第二个策略：研究竞争对手的情况，然后利用这种资源形成自己的优势。弄清对手有哪些优势、哪些弱势、什么做事风格、性格上有什么特点，这样做，确保了我在竞争中拥有绝对的优势。当然了，我也有自知之明。就是用这个策略，我曾经让那个发明"尾声只是开始"的卡内基甘拜下风。

钢铁巨人的称呼放在卡内基身上再合适不过了，和他挑战可不是一件容易的事。但他的弱点却帮了我的大忙，他固执己见，也许是因为他太有钱了，所以他总是不把别人放在眼里。在他看来，只有愚蠢者才会去干采矿的行业，因为矿石的价格太低，而且是取之不尽。而我恰恰是他眼中的愚蠢者之一，所以在他看来，我只适合在石油行业干。

所以，当我打算进军采矿行业时，他嘲笑我对钢铁行业一窍不通，总是逢人就讥笑我，说我一定会成为全美国最失败的投资者。但卡内基是个目光短浅的人，他只能看到半山腰，却看不到山顶，他不知道一件东西最关键的是价值，而不是价格，如果不能掌控采矿业，再让人引以为豪的炼钢厂也会化为一堆废铁。

当别人不把你当作对手的时候，你就已经为胜利储备了最大的资本。所以，当了解到他的这一弱点后，我就立刻放手对采矿业进行了全面投资。很快，这个目中无人的铁匠就发现，那个将会成为"全美国最失败的投资者"竟然控制了整个铁矿开采业，成了全美国最大的铁矿开采商，成了可以与他分庭抗礼的人，他终于按捺不住了，低声下气地要和我讲和。

如果能在竞争中首先发现对方的弱点，并给予致命的一击，往往就会成为最后的胜利者。

🔊 把对手的弱势变为自己的优势

善于作战的将军总是在研究对手的弱势，他总是出其不意地给敌人以致命一击，所以能成就自己常胜将军的美名。在其他竞争中也是如此，就像这封信中，洛克菲勒巧妙地利用了卡内基骄傲自负的心理，大胆投资米矿业，很快就取得了巨大成功。

第三种策略：一定要端正自己的心态。从一开始就要下定决心，为了目标，一定要在道德允许的范围内，表现出无情的积极，因为目标是残忍无情的。

既然已经下定追求胜利的决心，就一定要全力以赴，只有这样才能创造辉煌的成就。在竞争开始的时候更应该这样。因为这样做，可以让你在一开始就建立独占的地位，取得绝对的优势，同时，你的努力就是在减少别人的机会。此外，我们还要积极勇猛地表现，要有蛇吞大象的胆量。因为，天才的竞争者必须首先是一名勇士，这个规律亘古不变。

《新约》中记载了圣徒保罗的一段话："信念、希望和爱，三者缺一不可，而其中最重要的就是爱。"在每一个梦想的开始阶段，必须树立必胜决心，没有这种信念，了解市场状况和对手的资源就变得毫无意义了。掌握知识，保持优势，评价市场状况，都是在帮你建立信心，为你达成最高目标做准备。

◀)) 端正我们的心态

> 每个人都会在自己的人生路上设下一些目标，如果不想让自己的梦想化为泡影，就要有坚定的信念。既然我们已经确立了目标，就要千方百计地去完成它。任何困难和挫折都不能成为阻碍我们前进的理由，抱有这种心态的人，迟早会和成功相拥。

看看我们身边那些一无所长的人，你就会发现，他们之所以失败，不是因为他们犯了某种错误，而是因为他们没有全身心地投入，经营一家企业也是如此。

亲爱的儿子，你一定要记住卡内基的这句话："尾声只是开始。"当然了，也别忘了我给你的那三个策略。

天哪！但愿我的话没有白说。

爱你的父亲

你树立了一个远大的理想，可你奋斗了一段时间后却发现，自己离目标还好远好远。给你支个招，咱们不妨巧用一下卡内基的这句话"尾声只是开始"，把我们的大目标分解成一个个小目标，这一个个小目标就仿佛我们在去某地时的中途站，火车在一站停靠之后，立马又会向下一站进发。我们在追求成功时也应该如此，不断追求一个又一个小胜利，直到取得最后的大胜利。